同濟大學
TONGJI UNIVERSITY

百年深根 十载新绿

同济大学
办学成就图片集
2007－2017

《百年深根 十载新绿》编委会 编

同濟大學出版社
TONGJI UNIVERSITY PRESS

图书在版编目（CIP）数据

百年深根　十载新绿：同济大学办学成就图片集：2007—2017 /《百年深根　十载新绿》编委会编．-- 上海：同济大学出版社，2018.5

ISBN 978-7-5608-7778-5

Ⅰ．①百… Ⅱ．①百… Ⅲ．①同济大学－概况－2007-2017－图集 Ⅳ．① G649.285.1-64

中国版本图书馆 CIP 数据核字 (2018) 第 048236 号

百年深根 十载新绿

同济大学办学成就图片集 2007—2017

《百年深根　十载新绿》编委会　编

出 品 人　华春荣
责任编辑　陆克丽霞
责任校对　徐春莲

出版发行　同济大学出版社　www.tongjipress.com.cn
（地址：上海市四平路 1239 号　邮编：200092　电话：021-65985622）
经　　销　全国各地新华书店
印　　刷　浙江广育爱多印务有限公司
开　　本　889mm × 1194mm　1/16
印　　张　8.5
字　　数　272000
版　　次　2018 年 5 月第 1 版　2018 年 5 月第 1 次印刷
书　　号　ISBN 978-7-5608-7778-5
定　　价　98.00 元

前言

时光似水，岁月如歌。

百年校庆的欢歌犹在耳畔，百十华诞的乐章已欣然奏响。

2007—2017，经过百年风云的激荡，回响弦诵不绝的辉煌，同济大学在新的历史起点上，同心同德，继往开来，走过不同凡响的十年，创造了永载史册的业绩。

担负使命，践行承诺：2008 年北京奥运会、2010 年上海世博会、汶川地震抗震救灾和灾后重建、西部建设扶贫开发等一系列国家和地方重大事件，均留下了同济人“与祖国同行，以科教济世”的身影与足迹。

求真务实，明确目标：颁布实施《同济大学章程》，基本形成现代大学治理框架；《同济大学深化综合改革方案》获教育部备案，为改革创新规划路径。

勠力同心，追求卓越：学校遵循“人才培养、科学研究、社会服务、文化传承创新、国际交流合作”五大功能协调并进的轨迹，全面落实立德树人根本任务，深化大学生创新创业教育，进一步推进“一拔尖三卓越”人才培养模式改革；加强内涵建设，不断提升办学实力，科学研究和社会服务水平大幅提高；重视大学文化建设，强化可持续发展文化导向，努力将节俭精神和绿色理念融汇成为同济文化的深厚积淀和传承基因；增强国际交流，彰显国际化办学特色，积极构建与国际知名大学相适应的国际交流与合作体系。

探索创新，服务社会：领衔国家重大科技基础设施建设项目“国家海底长期科学观测系统”，“智能型新能源汽车协同创新中心”成为上海市首批国家协同创新中心，“环同济知识经济圈”年产值达到 327 亿元，大跨度桥梁、燃料电池轿车、城市污染控制、智能交通、结构抗震防灾等领域涌现了一批高水平科研成果，“973”首席科学家达 22 人次，荣获国家奖的类型和数量不断增长，参与了上海中心、港珠澳大桥等一批重大工程的科学研究和工程实施……

《百年深根 十载新绿：同济大学办学成就图片集 2007—2017》回顾、总结了过去十年学校建设取得的经验与成果，激励全体同济人以饱满的热情和坚定的步伐创造更美好的未来。

同心同德同舟楫，济人济事济天下。让我们同舟共济，开拓创新，为建设中国特色世界一流大学而不懈努力，为实现“两个一百年”奋斗目标和中华民族的伟大复兴做出新贡献！

目录

综合发展 001

学科建设 015

队伍建设 021

人才培养 027

科学研究 047

社会服务 061

对外交流 079

文化建设 095

可持续发展 109

党建工作 115

各项事业 123

综 合 发 展

综合发展

同济大学的建设和发展一直得到党和国家、上海市的重点支持。十年来，党和国家、上海市领导等多次莅临视察、指导工作，有力推动学校朝着具有中国特色世界一流大学目标坚定迈进。

学校紧紧抓住国家高等教育发展的重要战略机遇期，坚持立德树人，全面深化改革，破解发展难题，在人才培养、科学研究、社会服务、文化传承创新、国际交流合作等方面取得了显著成效。学校发展战略更加明确清晰，现代大学制度逐步完善，师资队伍建设持续优化，学科综合实力稳步提升，人才培养质量不断提高，科技创新能力显著增强，社会服务特色继续凸显，文化传承创新开拓新局，国际交流合作深化发展，办学条件明显改善，整体实力和办学水平得到全面提升。近年来，学校排名在国内外主流大学排行榜中均有稳步提升。

同济大学固定资产总值

单位：亿元

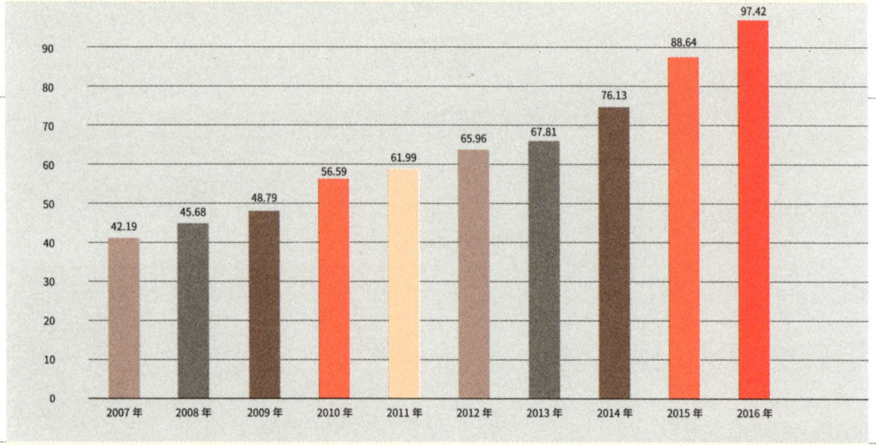

同济大学图书馆纸质文献数量

单位：万册

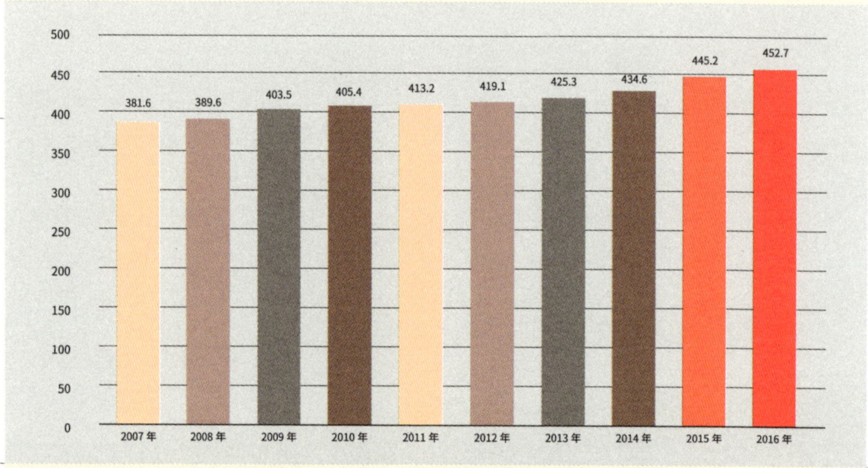

同济大学科研仪器设备总值

单位：亿元

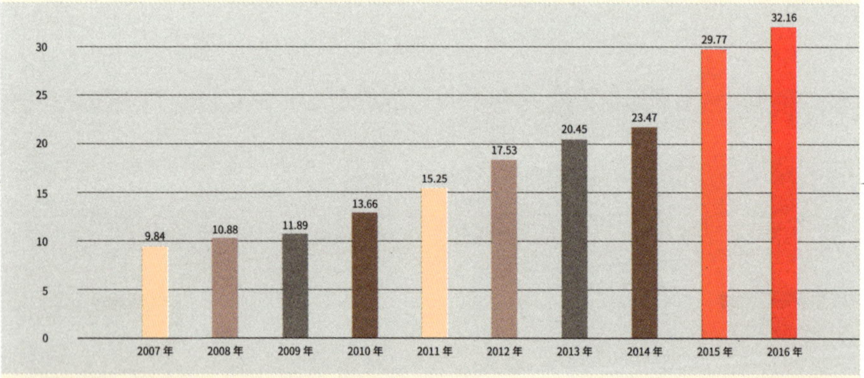

同济大学电子图书数量

单位：万册

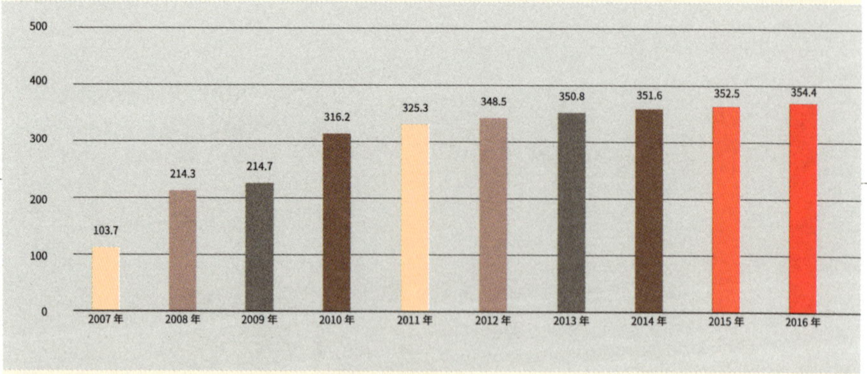

十年来，学校领导班子成员始终精诚团结、锐意进取，为学校各项事业持续、快速发展提供了强有力的组织保障。2007 年，校长万钢调任科技部部长，裴钢接任同济大学校长；2009 年，学校行政领导换届，产生新的行政领导班子。2011 年 12 月 1 日，中共中央任命周祖翼为同济大学党委书记。2014 年 12 月 23 日，中共中央任命杨贤金为同济大学党委书记。2016 年 9 月 6 日，中共中央、国务院任命钟志华为同济大学校长。

2007 年 4 月 27 日经全国人大常委会表决决定，校长万钢调任科技部部长。8 月 16 日，中共中央、国务院任命裴钢为同济大学校长。

万钢（右）和裴钢（左）。

2011 年 12 月 1 日，中共中央任命周祖翼为同济大学党委书记（副部长级），周家伦因年龄原因不再担任同济大学党委书记职务。图为周祖翼（左）、周家伦（中）、裴钢（右）合影。

2014 年 8 月 19 日，周祖翼调中央组织部工作，不再担任同济大学党委书记。图为裴钢向周祖翼赠送工作相册。

2014 年 12 月 23 日，中共中央任命杨贤金为同济大学党委书记（副部长级）。图为杨贤金（左）、裴钢（右）合影。

2016 年 9 月 6 日，中共中央、国务院任命钟志华为同济大学校长（副部长级）。裴钢因年龄原因不再担任同济大学校长职务。图为杨贤金（左）、裴钢（中）、钟志华（右）合影。

学校使命： 追求真理　培养人才　研究学术　服务社会　传承创新文化　交往世界与贡献智慧

学校校训： 同舟共济

学校校风： 严谨　求实　团结　创新

培养目标： 培养引领未来的社会栋梁与专业精英

《同济大学章程》颁发

2013年7月，《同济大学章程》编制完成，同时形成了一套相对完整的制度体系，基本形成现代大学治理架构。组建新一届学术委员会、校务委员会，梳理完善与校级制度相衔接的部门、院系规章共1 082项。

2014年5月5日，《同济大学章程》获得教育部核准。这是自1949年中华人民共和国成立以来同济大学的首部章程，是学校办学和管理的“总宪章”，为依法治校提供了依据。学校围绕章程建设，梳理和完善各项规章制度，形成了全校制度建设与创新的良好氛围。

《同济大学深化综合改革方案》获教育部备案

2015年，学校制订《同济大学深化综合改革方案》（后简称深改方案）并获教育部备案。深改方案涉及法人治理结构与现代大学制度、师资人事制度与人才队伍、教学管理体制与人才培养模式、学科建设机制与科学研究管理体系、资源管理模式与支撑保障能力、行政后勤服务体系与建设可持续发展校园等6个方面、32个子项共107个改革任务。深改方案提出，力争到2020年，全面建成综合性、研究型、国际化的世界知名高水平大学，为建设扎根中国大地的世界一流大学奠定坚实基础。

《同济大学社会责任报告》发布

2011—2015年，学校编制《同济大学社会责任报告》并向社会发布。《同济大学社会责任报告》由校文明委根据上海市文明办统一要求的结构框架进行编制，分为致辞、学校概况、主要参数、分类内容、预期与展望和社会评价6个部分，具体内容体现文明单位履行5个方面社会责任：一是员工责任，包括员工教育、权益保护、安全保护；二是服务责任，包括服务与管理、社会沟通；三是诚信责任，包括学法与执法、守法诚信、社会诚信形象；四是社区责任，包括救灾与慈善捐助、志愿服务；五是环保责任，包括低碳节能、环保形象。报告在上海市文明网、上海市教育新闻网和同济文明网公开发布。

同济大学荣获“全国文明单位”称号

2011年、2015年，同济大学连续两届荣获“全国文明单位”称号。十年来，学校积极开展培育和践行社会主义核心价值观活动，推动社会主义核心价值观入耳、入脑、入心；着力增强师生传承、弘扬中华优秀传统文化的自信与自觉，提升师生文化素养；强化师德师风建设，优化学风教风；积极推进教育治理体系和治理能力现代化，注重可持续发展理念的践行和引领；坚持“与祖国同行，以科教济世”的情怀，积极为国家和社会发展做出贡献。

校董会

同济大学第一届董事会成立于 2007 年，于 2011 年进行换届并成立第二届董事会，计有成员 58 名，由关心支持学校发展的校友，政府部门、企事业单位、社会团体的代表以及社会知名人士和专家学者组成。一年一度的董事会全体会议是推动学校改革发展的高层咨询会议，各位董事围绕学校中心工作，积极发表对学校发展的深入思考和真知灼见，推动学校与地方、学校与董事单位深层次合作，十年来董事会成员及董事单位出资设立专项基金，协议总金额超过 3.5 亿元。

2007 年 5 月 19 日，同济大学第一届董事会成立大会。

2011 年 5 月 21 日，同济大学第二届董事会和上海同济大学教育发展基金会第二届理事会成立。

上海同济大学教育发展基金会于 2006 年正式注册，推出“发展基金、学院基金、学生培养、师资建设、校园建设、学科发展、国际交流、校友活动”等筹款项目，全方位地覆盖了学校发展建设的各种需求。基金会制定了 40 多项专项基金管理办法（实施细则），推动施行基金的校院两级管理模式。十年来，基金会共签署各类捐赠协议 588 份，协议捐赠金额累计 5.42 亿元，捐赠收入实际到账 3.37 亿元，基金会净资产为 2.43 亿元。设立了“人才基金”“科创基金”等重大专项基金。用于支持学校各项教育事业发展的资助共计 2.16 亿元。

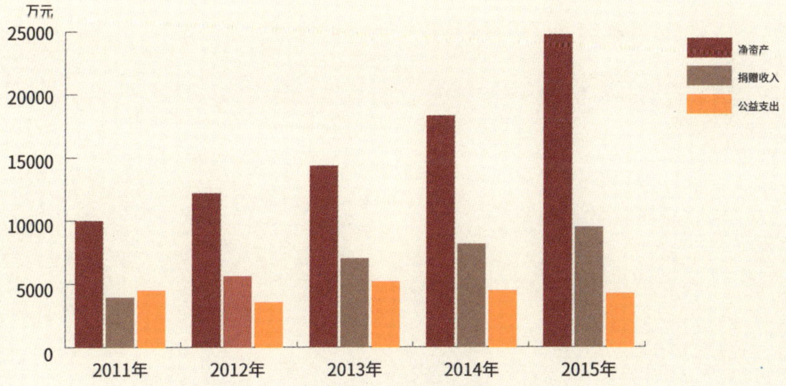

2011—2015 年上海同济大学教育发展基金会各项数据统计分析图

2008 年 11 月 24 日，同济-华润中医大师传承人基金签约。

2009 年 5 月 23 日，光华教育基金会捐赠暨授予伊衍樑博士名誉教授仪式。

2011 年 11 月 22 日，同济大学"新奥新能源奖学金"签约仪式。

2011 年 6 月 10 日，上海大众汽车教育援助金捐赠仪式。

2012 年 5 月 20 日，同济大学明创人文发展基金签约仪式。

2016 年 5 月 21 日，同济大学世联行基金捐赠签约仪式。

百年校庆

名校百年庆典，八方欢歌来聚。2007年5月，同济大学隆重庆祝建校100周年。百年校庆以“同舟共济、继往开来”为主题，组织了一系列纪念和庆典活动，总结过去，展望未来，向全世界展示了一所具有深厚历史底蕴的、开放的高水平现代大学的良好形象。

中共中央总书记、国家主席胡锦涛发来贺信，向全体师生员工和海内外校友致以热烈的祝贺。吴邦国、贾庆林、曾庆红、黄菊、吴官正、李长春、罗干、乔石、朱镕基、李岚清等党和国家领导人分别以贺信和其他形式对同济建校百年表示祝贺。

2007年5月14日，温家宝总理专程来到同济大学视察，向师生们送上了百年校庆的祝福。温家宝总理参观了大学生科技创新作品展，走进学生专业教室与同学们亲切交谈；听取同济大学海洋学科发展情况介绍，参观了海洋学院实验室；在钟庭报告厅，面对数百名师生代表发表演讲。温总理对同济大学的未来发展提出了5点祝愿：一要树立为社会服务的办学理念；二要办出特色；三要培养全面发展的人才；四要开放办学；五要勤俭办学。他希望大学生经常地仰望天空，学会做人，学会思考，学会知识和技能，做一个关心世界和国家命运的人。温总理深情祝福：“同济的未来是美好的！”

2007年5月20日，同济百年庆典嘉宾云集、盛况空前，上海市委书记习近平，全国人大常委会副委员长李铁映，全国人大常委会副委员长、全国妇联主席顾秀莲，国务委员陈至立，教育部部长周济、上海市市长韩正等领导出席百年校庆庆祝大会，陈至立代表国务院作了重要讲话。校长万钢发表“百年同济，大学对社会的承诺”演讲。

2007年5月26日，德意志联邦共和国总统霍斯特·克勒来到同济大学，向全校师生送上百年校庆诚挚祝福，并为同济大学百年校庆题词：“同济大学的百年，代表着杰出的科学研究、高素质毕业生的培养，以及中德合作的典范传统 。”访问同济期间，他还为同济大学前身——同济德文医学堂的创始人埃里希·宝隆的铜像揭幕，与同济学子对话，并见证了同济大学分别与德国学术交流中心、德国技术合作公司关于中德学院项目、中德合作职教师资培养项目的签约仪式。同济百年校庆期间，法国总统希拉克、意大利总理普罗迪、日本前首相羽田孜等国际政要发来贺信，祝福同济大学百年校庆。联合国副秘书长、联合国环境署执行主任阿希姆·施泰纳 、德国前总理施罗德在同济大学发表演讲。

百年校庆庆典大会。

百年校庆，是 25 万同济人共同的欢庆日。校庆期间，大约有 4 万名校友回校参加庆祝活动。

"管理教育的国际化"国际院长论坛。

可持续发展与高等教育创新校长论坛。

汽车与可持续发展论坛。

创新与可持续发展国际论坛。

百年校庆梳理了百年历史文脉，同济大学校史馆建设就是一个标志。校史馆以图文、实物和模型展示的方式以及多媒体手段，展现了同济百年来的发展历程和建设成就。李国豪纪念图片展、同济人著作展、百年同济院士风采展从一个个侧面诠释了同济精神。同时，百年校庆又搭建了一个向社会展示教学科研成果的平台，学校举办了学科建设与科技成果展、百年同济教学成果展、中法科技合作展、第二课堂风采展、同济大学生科技创新作品展等一系列展览，全面展示了同济大学百年来在教育教学、科学研究、国际交流、社会服务等各方面所取得的重要办学成果。

校史馆开馆仪式。

李国豪生平图片展。

学科建设与科技成果展。

百年校庆期间，一系列高水平的文体活动为校庆营造了欢乐祥和的气氛。以“同舟共济、和谐中国”为主题的第七届“五月的鲜花”全国大学生大型校园文艺演出、庆祝同济大学建校 100 周年“青春万岁”文艺晚会以及校歌翻译演唱会、巴登 - 符登堡州联合交响乐团演出、百年校庆芭蕾舞专场演出、百年校庆大学生综艺晚会等为五月的同济增添别样风采。首届亚洲大学生足球锦标赛、海峡两岸及港澳地区大学生龙舟赛、第 38 届校运会等，进一步丰富了校园的体育文化。

“青春万岁”晚会。

百年校庆海峡两岸及港澳地区大学生龙舟赛。

2007 年新年交响音乐会拉开百年校庆序幕。

“五月的鲜花”全国大学生大型校园文艺演出。

建校 105 周年暨工程教育 100 周年

2012 年 5 月，同济大学迎来建校 105 周年暨工程教育 100 周年。学校以“卓越工程百年、协同创新未来”为主题，以“校庆活动周”形式，举办“5+1”为核心的系列活动，即 5 个主题日：“仰望星空——校园文化”主题日、“协同创新——科学研究”主题日、“追求卓越——人才培养”主题日、“同舟共济——校友活动”主题日、“海纳百川——国际合作”主题日；1 台晚会：“105 周年暨工程教育 100 周年晚会”。全面回顾同济工程教育百年历程，集中展示办学成就，凝聚师生校友力量，谋划未来发展。

2012 年 5 月 16 日，同济工科奠基人贝伦子塑像揭幕。

2012 年 5 月 20 日，同济大学 105 周年校庆暨 2012 届毕业晚会。

2012 年 5 月 18 日，同济机械百年主题活动日。

2012 年 5 月 30 日，“同济医工百年庆大师论坛”。

2012 年 5 月 16 日，“同济大学百年卓越工程教育图片展”揭幕。

2012 年 5 月 12 日，“同济大学软件学院铭创教育基金”成立。

师生参观“同济大学百年卓越工程教育图片展”。

2012 年 5 月 18 日，机械与能源工程学院揭牌。

土木系科百年华诞

2014年11月8日，同济大学传统特色优势学科土木系科迎来100周年华诞。学校举办了以“百年土木、继往开来”为主题的系列学术和文化活动，海内外校友齐聚母校，共庆土木系科走过百年辉煌历程。百年来，同济土木系科累计培养4万余名优秀专业人才，为中国土木工程、交通运输工程领域的各类重大工程建设及科技创新提供了强有力的人才和科技支撑。

面向未来土木工程的高层论坛。

校友视频祝福。

举办土木系科百年图片展。

土木系科成立100周年庆典晚会。

老校友们欢聚一堂。

校友回家留影。

土木系科成立100周年大会。

学科建设

学科建设

学校按照“重人才、强学科、精特色、创一流”的思路，不断加强学科建设的总规划和指导，完善布局，整合资源，推进学科交叉，加强基础学科建设。进一步强化建设过程管理和动态监测，加强比较分析研究。成立学科专业建设领导小组及办公室，统筹学校学科专业的布局、规划、建设、发展、评估、调整等。

2007 年、2016 年博士点、硕士点对比表

	2007 年	增减	2016 年
一级学科博士学位授权点	27	**增：** 应用经济学、城乡规划学、风景园林学、软件工程、设计学 **撤：** 生物医学工程、法学	30
一级学科硕士学位授权点	50	**增：** 航空宇航科学与技术、城乡规划学、风景园林学、软件工程、设计学 **撤：** 理论经济学、社会学、地理学、地质学、光学工程、电子科学与技术、化学工程与技术、农业工程、中医学、图书情报与档案管理	45
专业学位博士授权类别	0	**增：** 工程博士、临床医学博士、口腔医学博士	3
专业学位硕士授权类别	9	**增：** 金融、应用统计、教育、汉语国际教育、城市规划、护理、会计、工程管理、艺术 **撤：** 应用统计	17

2009 年教育部第二轮学科评估排名

全国排名第 1	土木工程				
全国排名前 5	建筑学	海洋科学	测绘科学与技术	环境科学与工程	
	交通运输工程		地球物理学		
全国排名前 10	口腔医学	中医学	地质资源与地质工程		
全国排名第 11-20 名	控制科学与工程		生物医学工程	水利工程	力学
	物理学	体育学	材料科学与工程	数学	
	临床医学	地理学	外国语言文学	教育学	
	公共卫生与预防医学		图书情报与档案管理		

2013 年教育部第三轮学科评估排名

全国排名第 1	土木工程				
全国排名前 5	城乡规划学	风景园林学	建筑学	海洋科学	环境科学与工程
	交通运输工程		测绘科学与技术		地球物理学
全国排名前 10	设计学	管理科学与工程		口腔医学	地质资源与地质工程
全国排名第 11-20 名	力学	机械工程	控制科学与工程		生物医学工程
	水利工程	政治学	物理学	马克思主义理论	
	动力工程及工程热物理		公共管理	计算机科学与技术	

一级学科

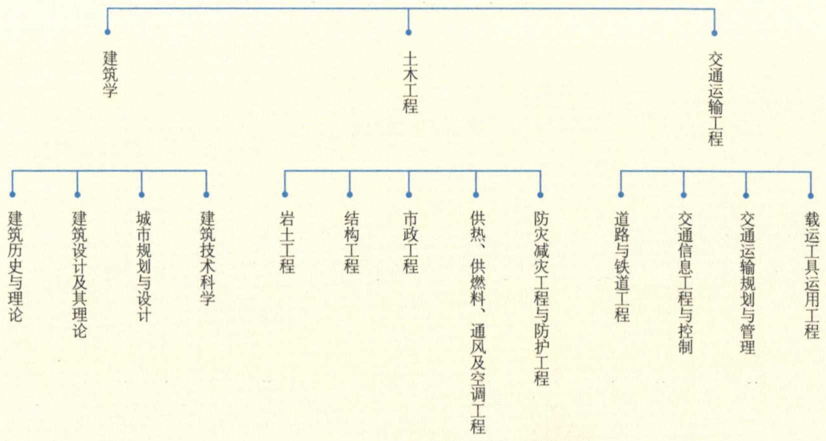

二级学科

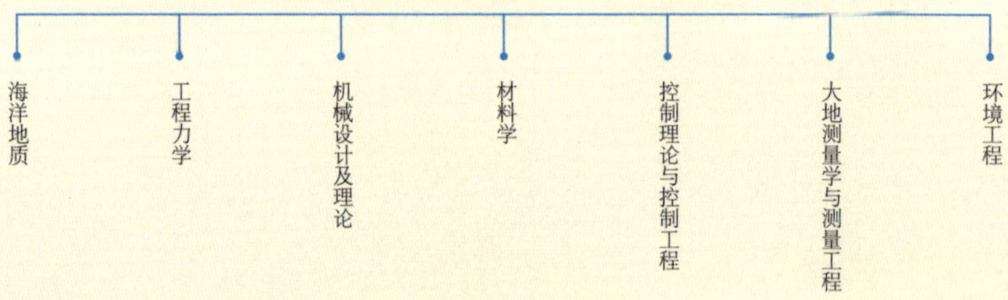

2016 年高峰学科

I 类高峰学科	土木工程	城乡规划学（含建筑、风景园林）
II 类高峰学科	海洋科学	交通运输工程
Ⅳ 类高峰学科	设计学	

QS 世界大学学科排行

	2015 年	2016 年	2017 年
世界前 400	7 个学科	9 个学科	13 个学科
世界前 50	2 个学科	3 个学科	3 个学科
建筑 / 建成环境	全球排名第 16	全球排名第 22	全球排名第 20
土木结构工程	全球排名第 32	全球排名第 29	全球排名第 37
艺术设计		全球排名第 34	全球排名第 26

ESI 学科表现

2014 年 ESI 全球前 1%	4 个学科
2015 年 ESI 全球前 1%	8 个学科
2016 年 ESI 全球前 1%	9 个学科
2017 年 ESI 全球前 1%	8 个学科

马克思主义学院揭牌

为加强马克思主义学科建设，推进建设综合性大学发展战略，加强大学生思想政治教育，全面提高学生综合素质，2008 年同济大学马克思主义学院成立。学院设有马克思主义基本原理教研部、中国马克思主义教研部、国外马克思主义教研部、思想政治教育教研部、近现代中国国情教研部、劳动经济研究院、马克思主义学术研究中心。学院承担全校本科生、研究生思想政治理论课教学工作。

政治与国际关系学院揭牌

同济大学政治与国际关系学院成立于 2009 年。学院下设政治学系、国际关系系、外交学系和社会学系 4 个系。学院致力于培养符合国家重大战略需求、具有世界眼光和战略思维、具有进行多学科交叉和跨学科解决重大现实问题的学术创新力、通晓国家治理和国际事务的精英人才。

设计创意学院成立

2009 年 5 月 27 日，同济大学借鉴世界设计与创新学科的最新理念与模式，在艺术设计系的基础上，成立设计创意学院。2012 年，同济大学设计创意学院被确定为同济大学试点学院，在管理体制、人才培养、学科建设等多方面进行改革和试点。目前，同济大学设计创意学院已经成为国内最具国际声誉的设计学院之一，跻身世界著名设计学院行列。

测绘与地理信息学院成立

2012 年 5 月 20 日，同济大学测绘与地理信息学院在原土木工程学院测量与国土信息工程系的基础上正式成立。

同济大学于 1932 年成立测量系，是国内最早开展民用高等测绘教育的高校。当时同济大学测绘学科汇聚了叶雪安、夏坚白、王之卓、陈永龄、方俊、曾广梁等一批中国测绘学科的先驱，为我国测绘科学与技术的发展发挥了重要作用。同时也培养了包括许厚泽院士、宁津生院士和张祖勋院士等在内的一批中国测绘界的知名专家与学者。

物理科学与工程学院成立

2012 年 11 月 6 日，由物理系和声学所组建的同济大学物理科学与工程学院正式揭牌。近年来，我校物理学科发展迅速，通过学科整合和凝练，逐步形成了“理论研究与实验研究结合、机理研究与器件研制结合、基础研究与国家重大需求结合”的科研学术发展新形式，并在“电磁波调控微结构物理与应用”“强激光微结构器件与系统”“微结构设计与仿真”“新型生物传感器材料与应用”“纳米声学”“信息声学”和“工程声学”等方面，形成国内同行认可、在国际上有一定竞争力和影响力的学科研究方向。

中德学部成立

学校提高对德合作水平，整合中德学院、中德工程学院和中德职教学院的资源，成立同济大学中德学部，使之成为中德合作培养卓越人才的平台。2013 年 3 月，《关于同济大学中德学部（CDH）成立及运行的框架协议》签署。2014 年 10 月，中德政府联合发表《中德合作行动纲要：共塑创新》，其中我校中德学部作为中德高校合作成功典范被列入《中德合作行动纲要：共塑创新》的第 99 条。

上海国际设计创新学院揭牌

2016 年 2 月 25 日，教育部正式批复“同意设立同济大学上海国际设计创新学院”。2016 年 4 月 14 日，同济大学上海国际设计创新学院揭牌，旨在为国家加快实施创新驱动发展战略和上海建设全球科创中心提供人才和学科支撑。学院 2017 年 9 月开始首批招生。上海国际设计创新学院将以“可持续创新设计”和“跨学科”为特色，以“面向产业转型和城市生活的智能可持续设计”为学科发展重点，着力培养“可持续设计创新”领军人才，直接服务于上海乃至国家“创新驱动发展、产业转型升级”的重大战略需求。

数学科学学院成立

2016 年 7 月 5 日，同济大学数学科学学院成立。同济大学数学学科始建于 1940 年，1945 年成立数学系，众多知名学者曾在此任教。1952 年院系调整时调往复旦大学。后几经调整，于 1985 年恢复应用数学系。樊映川教授主编的《高等数学讲义》是我国工科高等数学教学的经典教材，在此基础上，同济大学数学系主编的《高等数学》已出版到第 7 版。目前拥有国家千人计划专家、国家杰出青年基金获得者等一批中青年学术带头人，教学和科研方面的综合实力持续增强，在国内外教育界和学术界有较大影响力。

化学科学与工程学院成立

2016 年 5 月 26 日，同济大学化学科学与工程学院成立。同济大学化学系成立于 1937 年，首任系主任由同年成立的同济大学理学院首任院长王葆仁教授兼任。化学系在 1937–1952 年期间，先后培养了唐有祺、卢佩章、黄志镗、曹楚南、戚正武、邓景发等 6 位中科院院士。1952 年院系调整中，同济大学化学系分拆调入复旦大学、华东化工学院（今华东理工大学）、哈尔滨军事工程学院。1978 年恢复应用化学专业学生的培养，1982 年恢复化学系建制。目前在国内外有一定影响力。

上海国际知识产权学院

2016年11月18日，在联合国世界知识产权组织（WIPO）、中国国家知识产权局和上海市政府的支持下，同济大学在知识产权学院基础上，正式成立了“上海国际知识产权学院”。学院与WIPO、德国MPI、意大利都灵理工大学、佛罗伦萨大学、芬兰汉肯经济学院、美国专利商标局、俄罗斯国家知识产权学院等建立了长期合作关系。同济大学上海国际知识产权学院成立后，将进一步聚集国际优秀师资，打造以可持续发展为导向的国际顶尖知识产权学科，建设世界一流的国际化高端知识产权人才培养基地和具有全球影响力的可持续发展与知识产权研究智库。

土木工程学院被列入国家首批试点学院

2011年，同济大学土木工程学院被列入国家首批试点学院。学院紧紧抓住“人才培养”这一核心本源，从教师遴选与管理、生源招录选拔、人才培养模式、学院内部治理结构等方面，大胆进行综合改革试点，改革师资岗位管理，改革教师的聘用制度，建立起合理有效的激励机制；建立基于学生兴趣与未来发展潜力的多元化的学生招录与选拔体系；有效整合各方资源，建设“课堂教学链”“实验实践链”和“交流合作链”，构建本-硕-博一体化的人才培养体系，大力推进卓越土木工程人才培养。

我校代表队参加美国土木工程大赛。

2013年，我校设计创意学院入选国际著名设计杂志*FRAME*“全球设计硕士教育30佳”，是国内唯一入选的设计学院。2015年9月，同济大学设计创意学院被国家外国专家局正式纳入“高校国际化示范学院推进计划”，成为其“试点单位”之一，是目前国内唯一入选的设计类学院。

2013年3月，欧洲管理发展基金会（EFMD）在比利时布鲁塞尔总部召开会议，正式授予同济大学经济与管理学院EQUIS认证。这标志着学院办学质量达到了国际管理教育界公认的标准，有助于进一步提升学院在国际竞争中的地位和影响力。全球仅有142家一流商学院获此殊荣。

队 伍 建 设

队伍建设

学校不断加强人才工作主动性、系统性，完善支撑服务体系，加强高层次人才引进与考核，着力建设完善人才梯队，特别重视青年人才引进与培养，涌现出一批学术领军人物。截至 2016 年年底，学校有专业技术职务正高级 945 人，中国科学院院士 8 人，中国工程院院士 8 人（含中国工程院外籍院士 1 人），第三世界科学院院士 2 人，美国工程院外籍院士 1 人，瑞典皇家工程科学院外籍院士 1 人。中组部“千人计划”学者 42 人，教育部“长江计划”特聘（讲座）教授 27 人，国家重点基础研究发展计划首席科学家 23 人，国家重点研发计划首席科学家 11 人，国家杰出青年科学基金获得者 42 人。

学校为进一步完善专技职务评聘体系，试行教学型师资培育、聘任、考核制度。实施高等研究院“基础学科高水平领航人才计划”，着力推进试点学院人事制度改革，完善“终身教职资格制”。制定落实《同济大学关于落实师德建设长效机制实施细则》，全面落实师德考核“一票否决制”。

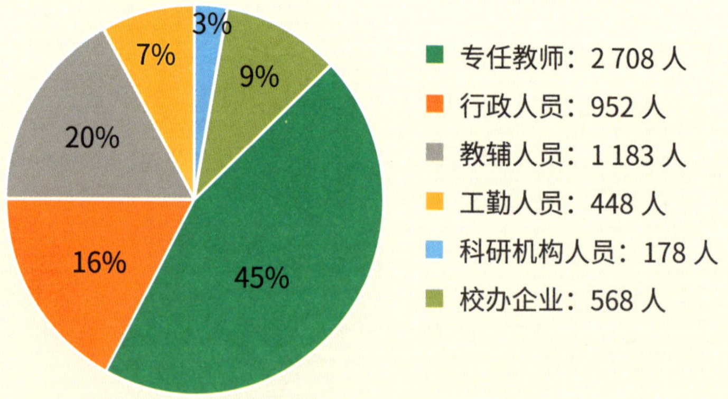

教职工总数及构成占比

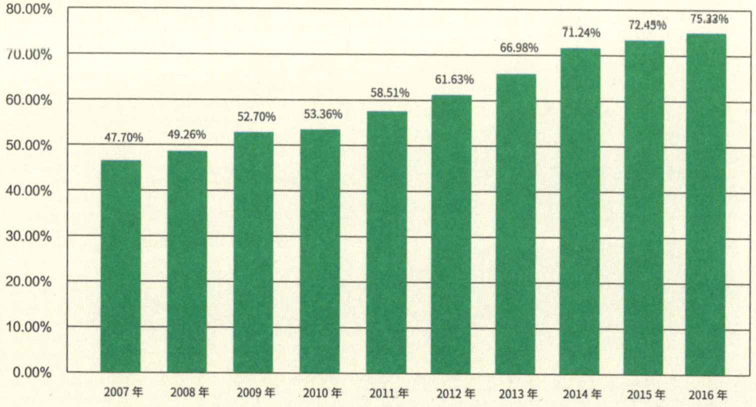

专任教师博士占比

2007—2016 年期间高层次人才队伍

单位：个

类别	2007-2016 年新增	2016 年数量
中国科学院院士	3	8
中国工程院院士	1	7
中国工程院院士（外籍院士）	1	1
第三世界科学院院士	1	2
美国工程院外籍院士	1	1
瑞典皇家工程科学院外籍院士	1	1
法国建筑科学院院士	1	2
国际陶瓷科学院院士		1
美国建筑师学会荣誉院士	1	1
美国国家发明院院士	1	1
“千人计划”入选者	40	40
“青年千人计划”入选者	45	45
教育部“长江学者奖励计划”特聘教授	13	26
教育部“长江学者奖励计划”青年学者	8	8
国家杰出青年科学基金获得者	29	41
优秀青年科学基金获得者	23	23
“万人计划”青年拔尖人才	3	3
“上海千人计划”入选者	34	34
上海高校特聘教授（东方学者）	22	22
同济特聘教授	54	71
同济讲座教授	7	7
总计	289	345

中国科学院院士

孙　钧　汪品先　姚　熹　郑时龄　裴　钢　周兴铭　葛均波（2016年调离）

常　青　陈义汉

中国工程院院士

项海帆　李同保　郭重庆　戴复东　范立础　沈祖炎　卢耀如　钟志华

Herbert Mang（外籍）

国家杰出青年科学基金获得者

顾　明　陈　鸿　李　杰　薛松涛　吕西林　仲　政　蒯知滑　李国强　孙立军

陈义汉　徐　鉴　王占山　黄茂松　刘志飞　蒋明镜　张小宁　杨守业　高绍荣

童小华　田　军　肖建庄　李荣兴　陈银广　张晨曦　康九红　丁玉强　周仕明

王　平　盛光遥　沈　军　戈宝学　苏育才　徐　军　李　岩　黄　雨　张亚雷

张　弛　路庆华　黄云辉　许学军

“千人计划”引进人才

杨志刚　章　桐　戴晓虎　黄文锐　李荣兴　张伟贤　林　峰　崔玉军　张永和

张红军　郑加麟　孙　毅　周笑波　李　菁　弭永利　李保文　翁志萍

Herbert Mang　时东陆　朱建文　陈君红　夏鹏飞　刘小乐　杨　阳　吴　俊

赵生捷　陆　键　白　傑　周小波　孙　捷　张　弛　袁一卿　刘秀飞　李　巨

象伟宁　庄司俊明　Filippo G.Giancotti　Chandra Mohan　Ian Keith Robinson

Lisa Alvarez-Cohen

“青年千人计划”引进人才

王启刚　董　华　田志新　钟锦强　黄　佳　毛志勇　裴艳中　李　伟　陈建军

周大鹏　倪丙杰　郑思明　钱　挺　叶　昕　肖飞鹏　李博峰　郝　彤　陈作锋

徐晓翔　张　超　李维达　栾　冰　成　昱　任　捷　陈　杰　刘忠方　毛　舜

林思劼　刘　睿　汤奇荣　李　辉　伍章明　尹振宇　刘庆文　杨　恺　孙　恺

孙　瑶　沈士蕙　张丰收　邓韩松　罗　喆　曹　楠　费泓涵　王　胤　左　为

长江学者特聘教授

孙立军　李　杰　孙利民　李新贵　顾　明　蒯知滑　吕西林　黄争鸣　张红军

林　峰　林　涛　陈义汉　杨志刚　朱合华　王占山　童小华　黄宏伟　孙周兴

刘志飞　高绍荣　戈宝学　孙方霖　陆　键　薛伟辰　杨守业　黄云辉

长江学者讲座教授

李荣兴　刘小乐　Pol D.Spanos　James A. Ohlson　林　欣　韩　杰

Anthony Chen　席云平

上海领军人才

李　杰　蒯知滑　陈义汉　余卓平　朱合华　吴志强　仲　政　李怀正　徐　鉴

蒋昌俊　张其林　赵　建　王占山　伍　江　凌建明　霍佳震　李国强　孙周兴

顾祥林　李风亭　周怀阳　杨晓光　陈以一　陈启军

2007 年以来新增院士

裴钢　教授

中国科学院院士

1999 年当选中国科学院院士，2001 年当选第三世界科学院院士。2007 年调入同济大学。长期从事细胞信号转导研究，在国际学术刊物发表研究论文 100 多篇。现为中国细胞生物学会理事长，中药全球化联盟副主席，*Cell Research* 主编和国际多种学术刊物编委。并担任国家重点基础研究发展计划（"973" 计划）第四届、第五届专家顾问组成员，"干细胞研究" 国家重大科学研究计划第一届专家组召集人，国家重大基础平台建设专家组成员等。

钟志华　教授

中国工程院院士

2005 年当选中国工程院院士。长期从事汽车设计与制造技术的研究与应用，主攻汽车碰撞安全技术、车身冲压成型技术和模块化、轻量化汽车技术。他先后获得全国优秀教师、有突出贡献的中青年专家、享受国务院政府特殊津贴、中国发明家协会发明创业奖特等奖；国家科学技术进步一等奖、第二届 "发明创业奖" 特等奖、通用汽车中国科技成就一等奖等荣誉和奖励。

葛均波　教授

中国科学院院士

2011 年当选中国科学院院士。长期从事心血管疾病的临床和科研工作，先后承担了国家 863 计划（首席科学家）、国家 "973" 子项目（2 项）、国家十一五科技支撑计划、国家自然科学基金和国家杰出青年基金、211 工程重点学科建设项目、985 工程重点学科建设项目、卫生部临床学科重点项目、上海市重中之重临床医学中心建设项目等。作为通讯作者发表 SCI、EI 收录论文 176 篇，主编英文专著 1 部、中文专著 11 部。2013 年调入同济大学，2016 年调离。

常青　教授

中国科学院院士

2015 年当选中国科学院院士，长期从事建筑学新领域的开拓性研究，率先提出了保持城乡地方历史特征和多样性活力的 "适应性再生" 途径，发展了 "历史环境再生" 学科方向，建构了符合国际学术标准及中国文化语境的 "历史环境再生" 基本理论，领衔创办了国内首个 "历史建筑保护工程" 专业，还成功主持和主创了从上海外滩地段到西藏日喀则宗山等全国多处保护与再生重大工程设计。

陈义汉　教授

中国科学院院士

2015年当选中国科学院院士，长期从事心脏内科临床工作和基础研究。早在2003年，陈义汉教授等就在国际上首次发现了人类心房颤动致病基因，鉴定出了人类心房颤动的部分遗传学和电生理学机制，成果发表于《科学》杂志。此后他带领团队在心房颤动等心律失常的机制和干预研究方向上，又取得一系列重要发现，为中国在国际心律失常研究领域赢得了一席之地。

赫尔伯特·芒（Herbert Mang）　教授

中国工程院外籍院士

2015年当选中国工程院外籍院士。奥地利维也纳理工大学结构与材料力学研究所教授、同济大学国家"千人计划"特聘教授。曾经担任奥地利科学院院长，现为奥地利科学院院士，波兰科学院院士，美国工程院院士，先后兼任应用数学与力学协会等十多个国际学会的执行理事或理事及40余部国际学术期刊的编委或顾问。为表彰他的杰出科学贡献，2004年奥地利以其姓氏"Mang"命名了一颗小行星。

吴志强　教授

美国建筑师学会荣誉院士

2013年3月当选美国建筑师学会荣誉院士。曾任中国2010年上海世博会园区总规划师，长期从事城乡可持续规划和生态设计及其理论研究。现担任世界规划院校大会指导委员会联席主席、全国高等学校城市规划专业指导委员会主任委员。先后主持完成4项国家级重大研究项目和课题，863项目1项，主持省部级重点课题12项，完成2010年上海世博会园区规划、俄罗斯圣彼得堡波罗的海明珠新城规划、都江堰市灾后重建总体规划等。

伍江　教授

法国建筑科学院外籍院士

2015年4月当选法国建筑科学院外籍院士。长期从事世界现代建筑历史与理论、上海近代城市与建筑的历史及其保护利用，以及当代中国及亚洲城市问题的相关研究，著有《上海百年建筑史》《上海弄堂》《历史文化风貌区保护规划编制与管理》等多部专著，在国际建筑学术界具有广泛影响。主持完成的科研成果曾获全国优秀规划设计一等奖、二等奖，上海市优秀规划设计一等奖，上海市决策咨询一等奖、二等奖，上海市科技进步二等奖等。

人才培养

人才培养

学校积极推进人才培养模式改革，全面构建协同性、开放式、立体化的卓越人才培养体系。学校稳定招生规模，实施“苗圃计划”“引航计划”“卓越计划”和“筑梦计划”等措施，生源结构逐步优化，生源质量持续提升。继续深化以“一拔尖三卓越”为核心的人才培养模式，继续推进以通识教育为基础的宽口径专业教育，着力构建融入可持续发展理念的通识教育体系。开展交叉学科人才培养模式探索，系统推进教学质量基础建设与教育教学改革，构建高层次人才培养平台，国际化教学环境建设成效显著。稳步推进大学生创新创业教育体系建设，由实践教育体系向研究型学习、创新创业教育体系提升的格局初步形成。

2007—2016 年本科生人数

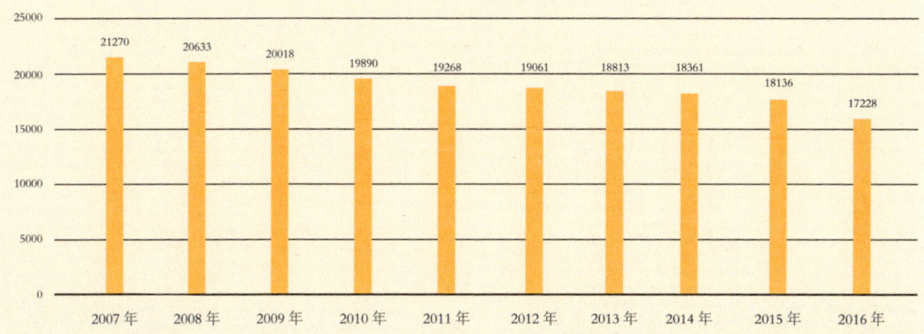

2007—2016 年博士硕士人数

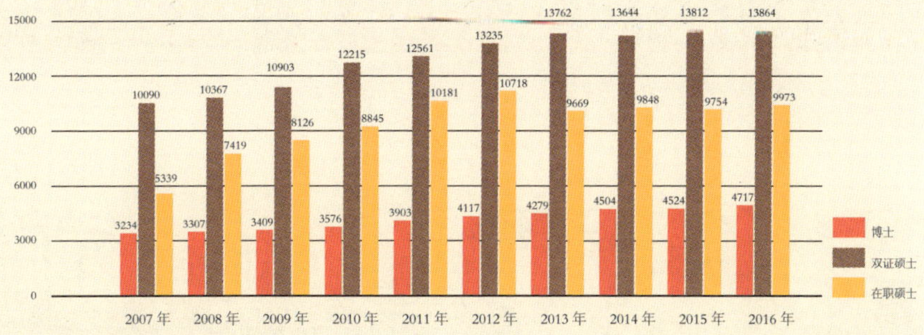

2007—2016 年留学生人数

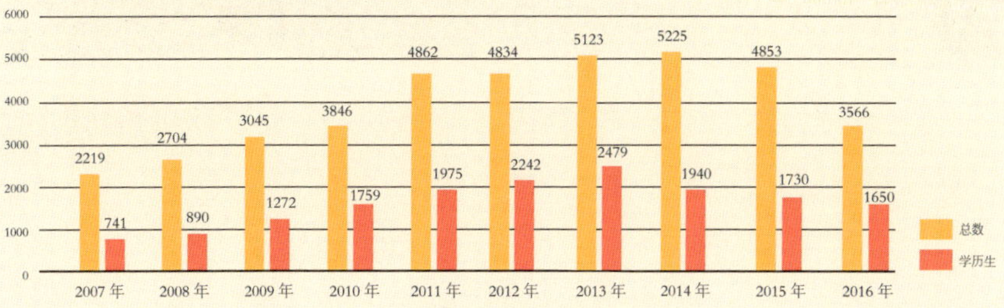

卓越人才培养基地

名称	入选专业
教育部卓越医生教育培养计划	临床医学
教育部卓越法律人才教育培养计划	法学

教育部卓越工程师教育培养计划

建筑学	土木工程
交通运输	物流工程
车辆工程	自动化计算机科学与技术
环境工程	给水排水工程
通信工程	电气工程及其自动化
工业设计	机械设计制造及其自动化
软件工程	飞行器制造工程
信息安全	材料科学与工程
测绘工程	历史建筑保护工程

本科教学质量保证体系

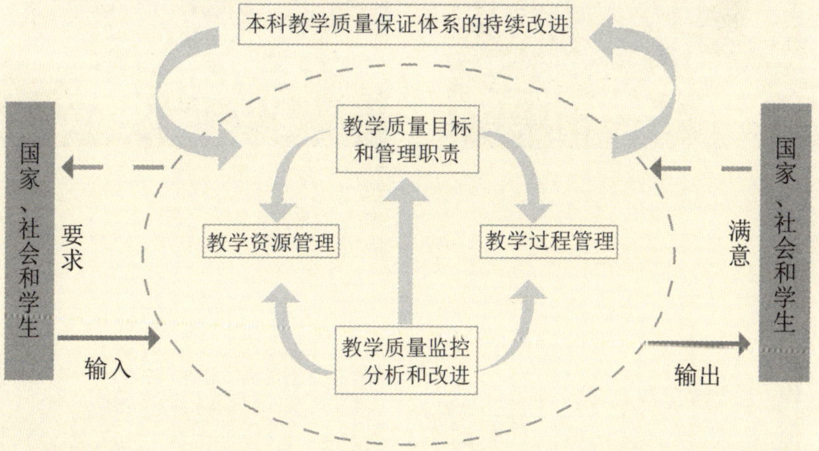

人才培养模式创新实验区

基于强化数理基础的工程科技人才培养模式创新实验区

国际化环境工程专业人才培养模式创新实验区

基于德语强化班的国际化工程科技人才培养模式创新实验区

基于学科交叉的工程科技人才培养模式创新实验区（艺术类与工程类）

工程力学实验班人才培养模式实验区

环境科学专业复合型创新拔尖人才培养模式实验区

车辆工程与工业设计跨学科联合培养汽车造型专业人才模式创新实验区

中法工商管理专业人才培养模式创新实验区

工程（土木）–法学复合人才培养创新实验区

中德机械与能源工程人才培养创新实验区

化学科学与工程人才培养创新实验区

轨道交通复合型人才培养创新实验区

作为教育部首批“卓越工程师教育培养计划”的试点高校，同济大学以“4+M+3”为基础模式框架，并参照通用标准和行业标准，制定了本、硕、博三个层次的人才培养标准，主要培养模式为：校内培养、企业培养和国际化培养。在实施“卓越工程师培养教育计划”的实践与探索过程中，同济大学作为主要单位发起并成立了卓越人才培养合作高校联盟，通过建设校际、校企和国际化合作交流平台，全方位开展卓越人才培养。我国18所高校和欧洲12所高校共同成立“中欧工程教学平台”，推动中欧工程类院校开展长期稳定合作，同济大学担任了“中欧工程教育平台”首届中方秘书处的工作。

中欧工程教育研讨会。

卓越人才培养合作协议高校开展研究生招生合作。

2010年11月，北京理工大学、大连理工大学、东南大学、哈尔滨工业大学、华南理工大学、天津大学、同济大学、西北工业大学、重庆大学等9所高校签署了《卓越人才培养合作框架协议》，决定开展全方位合作。

2011年11月3日，“卓越联盟”九校校长联席会议。

卓越人才培养合作协议高校开展研究生招生合作。

2012年2月12日，“卓越联盟”自主招生联考。

教学名师

顾牡　教授

国家级教学名师

顾牡教授长期从事“大学物理学”等本科基础课程的教学。教学过程中注重学生知识、能力、素质的综合培养，着力体现以学生为主体、教师为主导的教学观念，重视学生的个性发展和创造力培养。2007 年获得“高等学校教学名师奖”。

郑时龄　院士

国家级教学名师

郑时龄院士长期从事理论研究、建筑教学活动，教学态度认真，待人亲和，有很强的感染力和人格魅力，是深受学生喜爱的教师。长期坚持主讲本科生理论课，坚持传统教学方法与现代多媒体等教学手段的有机结合，课程受学生好评。2008 年获得“高等学校教学名师奖”。

龚沛曾　教授

国家级教学名师

龚沛曾教授长期从事计算机基础教学与研究工作，主讲了大学计算机基础等课程；主编或参编了相关教材 10 余部；承担了国家七五重点项目和教育部多项教改项目；发表了 20 多篇论文。曾获上海市优秀教育工作者、上海市高校教学名师奖、享受国务院特殊津贴等。2011 年获“高等学校教学名师奖”。

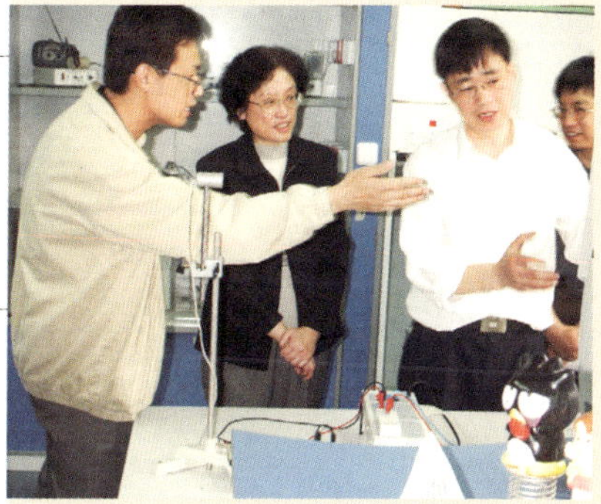

国家级教学团队——普通物理学课程教学团队

团队现有 7 人、副教授 6 人、高工 / 高师 3 人、博士 7 人，40 岁以下教师均具有博士学位。近年来，团队先后承担全国性教学研究项目 10 项，上海市教学研究项目 1 项，学校教改项目 7 项；编写出版大学物理课程主辅教材 11 部，出版物理 CAI 教学软件 3 套、大学物理图形图像资源库 1 套、大学物理网络课程和电子教案 3 套，开发完成演示物理实验仪器 13 套；先后发表教学研究论文 90 多篇。团队还获得上海市教学成果一、二等奖 3 项，上海市精品课程 2 门，上海市优秀教材一等奖 1 项。

国家级教学团队——大学计算机基础教学团队

团队目前构建了以培养大学生计算机实践能力为目标的分类、分层的“2+x”计算机基础课程体系，在教材、教学软件包、资源库建设等方面走在全国前列。团队精心设计三层次实验方案，广泛采用大作业 + 答辩的考核方式（学生自主选题、自由组队，提供实验报告、实验程序，最后答辩），组织学生参加各种级别竞赛，并多次获奖。

国家级教学团队——钢结构教学团队

团队成员中教授占 46%，副教授 31%，讲师 23%；全部成员具有研究生学历，92% 具有博士学位；团队成员承担着本科生教学工作、研究生培养和科学研究工作。团队成员围绕“钢结构”主干课程和相关课程的需要，在教材建设、课件建设、题库建设、网络平台共享资源建设、实验室建设和教学方式研究方面进行了系统的工作，建设了国家级精品课程“钢结构”，承担全国高等土木工程专业教学改革研究，先后获得国家级教学成果奖 2 项、省部级教学成果奖 5 项。

国家级教学团队——建筑历史与理论教学团队

教学团队是国家重点学科“建筑学”下属二级学科“建筑历史与理论”和“历史建筑与城市遗产保护”的支持团队。教授课程中含两门国家级精品课程；师资队伍中包含国家教学名师一名，上海市教学名师两名。目前该团队是国内建筑学科领域培养硕士、博士研究生规模最大、研究方向最齐全的团队，多次获国家和上海市优秀教学成果奖。团队成员主持编制了上海多个历史文化风貌区的保护规划，主持了南京路步行街保护性改造工程和外滩历史建筑保护工程，以及对西藏历史地标进行修复保护的上海市援藏重点工程等，承担了“十一五”国家科技支撑计划重大项目“历史建筑可持续利用和适应性改造技术研究”以及多项国家自然科学基金资助项目等研究课题。

国家级教学团队——城市与区域规划理论与方法教学团队

团队的学科领域基本对应于国家的“城市总体规划”和“城镇体系规划”的编制和实施任务，相应开展科学研究和教学工作。承担着城市规划与设计专业的本科生、硕士生、博士生的多门理论课程、设计课程及实践环节的教学任务，同时也担负着全国城建领导干部培训班、工程硕士等成人继续教育的任务。现有教师 11 名，其中教授 4 名、副教授 4 名、讲师 3 名，具有博士学位的教师 8 名。团队承担过多项国家及地方的研究课题及重大规划设计项目，出版过多部专著和重点教材。

国家级教学团队——宝石学教学团队

团队注重课程教学在人才培养中的核心作用，建立了与国际接轨并具中国特色的宝石学课程体系；普遍推行小班制授课，研究型学习；编写出版了宝石学课程系列教材和参考书等，已获市级、国家级教学成果奖、教材奖等 15 项，教师个人荣誉奖 38 人次。所教授的学生获国际和国内各类大奖 20 余项。

范立础院士　上海市教育功臣

范立础院士从事教学、科研工作六十余载，为我国土木工程学科、桥梁工程领域培养了一大批领军人物和技术骨干。他主编的《桥梁工程》统编教材自 1987 年 6 月出版发行以来，先后被全国十三所高校作为教材使用，更是桥梁工程技术人员的必读教材。

范立础院士从事桥梁抗震研究，率先建立了我国大跨度桥梁及城市复杂立交工程的抗震理论和计算方法；率先开展了大跨度桥梁抗震设计理论及应用研究，提出两水平的大跨度桥梁抗震设计理论与方法；进入 21 世纪，提出基于寿命期和性能的大跨度桥梁抗震设计方法，主持编写了我国首部《城市桥梁抗震设计规范》，开发研制了大吨位全钢双曲面球型减隔震支座。这些成果已应用于上海南浦大桥、东海大桥、苏通长江大桥等 50 余座重大桥梁工程。范立础院士主持的“大跨、高墩桥梁抗震关键技术”项目荣获 2009 年国家科技进步一等奖。

教学成果

何敏娟　教授

成果名称：

土木工程本科学生创新型、国际化人才培养体系与实践

奖项：

国家教学成果一等奖

上海市教学成果一等奖

主要完成人：

何敏娟　顾祥林　熊海贝

赵宪忠　林　峰

李国强　教授

成果名称：

20 年磨一剑——与国际实质等效的中国

土木工程专业评估制度的创立与实践

奖项：

国家教学成果一等奖

上海市教学成果特等奖

主要完成人：

李国强　沈祖炎　赵　琦

邱洪兴　何若全　陈以一

孙伟民　何志方

成果名称：

工科学生创新能力培养体系的建立与实践

奖项：

国家教学成果二等奖

上海市教学成果一等奖

主要完成人：

李国强　胡展飞　廖宗廷

于　航　潘玉芳　邱伯驺

蒋昌俊　教授

成果名称：

同济大学计算机学科"一体两翼"创新人才培养模式

奖项：

国家教学成果二等奖

上海市教学成果一等奖

主要完成人：

蒋昌俊　苗夺谦　王晓国

王力生　刘　琴　张惠娟

乐　云　教授

成果名称：

大工程实践驱动的工程管理精英人才

"四元耦合"创新培养模式

奖项：

国家教学成果二等奖

上海市教学成果一等奖

主要完成人：

乐　云　李永奎　何清华

马国丰　陆云波　施　骞

沈祖炎 院士

成果名称:

同济大学结构工程学科钢结构方向人才培养教学体系建设

奖项:

国家教学成果二等奖

上海市教学成果特等奖

主要完成人:

沈祖炎 李国强 陈以一

何敏娟 童乐为 张其林

李元齐

成果名称:

全方位监控、多阶段跟踪、持续性改进、本研全覆盖的质量保证体系建设与实践

奖项:

国家教学成果二等奖

上海市教学成果特等奖

主要完成人:

沈祖炎 胡展飞 雷星晖

陈以一 陈 峥 何敏娟

邓慧萍 黄宏伟等

龚沛曾 教授

成果名称:

大学生计算机实践能力培养的研究与实践

奖项:

国家教学成果二等奖

上海市教学成果一等奖

主要完成人:

龚沛曾 杨志强 顾春华

徐安东 袁科萍 刘 江

李湘梅

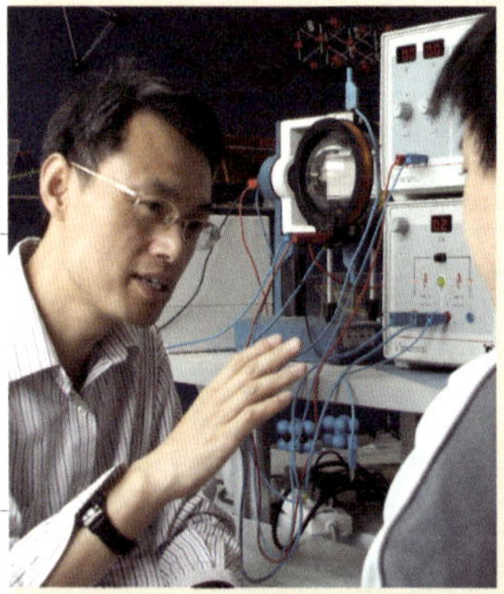

顾 牡 教授

成果名称:

创建五位一体的大学物理数字教学平台

实施以主动学习为导向的教学模式改革

奖项:

国家教学成果二等奖

上海市教学成果一等奖

主要完成人:

顾 牡 王祖源 吴天刚

倪忠强 刘海兰 宋志怀

武荷岚 赵敏方

成果名称:

以提高教学质量为根本，努力构建高水平的普通物理学课程教学平台

奖项:

国家教学成果二等奖

上海市教学成果一等奖

主要完成人:

顾 牡 毛骏健 吴於人

王祖源 鲍鸿吉

周 琪 教授

成果名称:

理工融合的国际化环境人才培养体系

奖项:

国家教学成果二等奖

上海市教学成果一等奖

主要完成人:

周 琪 李风亭 高乃云

黄翔峰 Klaus Toepfer

创新创业

学校着力构建科教结合的创新创业教育体系，在专业教育基础上以“四学一量（学时、学分、学程、学位、工作量）”改革为突破，通过发挥“引导性学分”的导向作用，构建有同济特色的创新创业教育学程；探索建立适合创新创业人才培养的学籍管理制度体系，让立志自主创业并具有创业潜质的学生实现“休学创业”或“在读创业”。目前，同济大学已建立全国第一个工业 4.0 智能制造与工程创新实践教育平台。

实施卓越工程师教育培养计划，建立校企联合课程 100 多门，每年与企业联合指导 400 余名学生的毕业设计、聘请近 200 名企业兼职师资承担实践类课程；建立校企合作“实习基地”近 500 家、获国家大学生校外实践基地 6 家、外派教师企业见习百余人次、多位教师获得教学Ⅲ型职称晋升（工程型）。2016 年学校成立创新创业学院。

同济大学创新创业教育体系发展历程

- 1996 学校开始设立国家级大学生创新基地
- 2001 出台第一份针对大学生创新人才培养的政策性文件
- 2003 设立校级大学生创新基地
- 2005 全面总结创新人才教育实践经验
- 2006 实施新的创新创业教育改革探索，专列预算 300 万
- 2007 教育部与学校联合设立同济大学“国家大学生创新性实验计划”基金
- 2012 将校内外各种创新创业教育实践活动与学位学分制度对接，将课程体系外创新创业教育纳入学校日常教学规范化管理系统
- 2013 创办“创业谷”
- 2014 成立同济大学创新创业教育联席会议
- 2015 成立同济大学创新创业教育指导委员会，整合全校创新创业资源
- 2016 2016 年成立同济大学创新创业学院

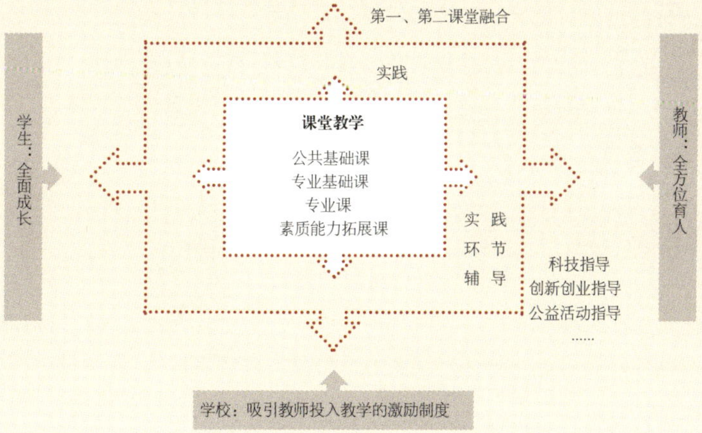

大学生创新实践基地是学生创新的支持平台，学校形成了一套职责明确、管理有序的工作体系和运作模式，概括为“进基地有门槛、基地内有指导、实践环节有检查、资金运作有投向、学生实践有激励”，为同学开展创新项目提供了各类实验设备和资源。支持建立大学生创新俱乐部，分级设立 23 个学院分俱乐部，创办了《创新俱乐部》月刊，开设了同济大学大学生创新俱乐部微信公众号。

学校以竞赛的方法积极培养学生的综合能力和对科学研究的基本认识和兴趣，学生参加国内外重大赛事 1.2 万人次，获奖 2 千余人次，获奖等级不断提高。

2007—2016 年同济大学本科生创新创业项目统计

年度	学校级	上海市级	国家级
2007	276	100	70
2008	211	100	50
2009	335	100	66
2010	315	100	48
2011	341	80	80
2012	350	170	120
2013	387	150	115
2014	514	150	130
2015	417	150	150
2016	458	150	150
合计	3604	1250	979

单位：项

2007—2016 年同济大学本科生学科竞赛获奖统计

年份	参加竞赛项目数	国家级二等奖以上	省部级一等奖	其他奖	年累计
2007	38	44	25	341	410
2008	42	72	45	162	279
2009	62	148	69	123	340
2010	65	146	31	182	359
2011	71	296	98	124	518
2012	98	338	126	134	696
2013	99	330	120	140	689
2014	159	639	136	1489	2264
2015	137	604	223	1713	2540
2016	153	620	314	1851	2785
合计	924	3237	1187	6259	10880

单位：项

2014 年 7 月 10 日，同济大学师生折桂第四届亚洲垂直城市国际设计竞赛。

2011 年 10 月 22 日，第四届全国大学生创新年会“十佳”项目现场展示。

2014 年 11 月 30 日，我校举办国际大学生 3D 打印赛。

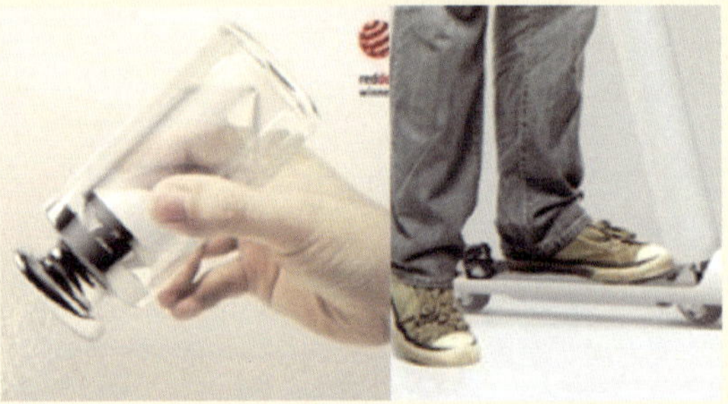

2014 年 11 月 12 日，我校学生作品获德国红点设计概念奖。

2015 年 9 月 28 日，同济代表队获国际基因工程机器设计大赛金牌。

2016 年 7 月 15 日，2016 年青少年高校科学营同济大学分营开营。

学校以“卓越杯”“挑战杯”“创青春”等大学生科技创新创业竞赛为重要抓手，以科技节、SITP、科学商店、创业训练营等工作为支撑，搭建氛围营造、项目培育、竞赛扶持到成果输出的全过程培养体系。同时，学校组织优秀项目和个人参加“陈嘉庚杯”等各类市级以上科技竞赛，并取得好成绩。在 2015 年第十四届“挑战杯”中航工业全国大学生课外学术科技作品竞赛中，学校荣获“优胜杯”。

2016 年 11 月 19 日，我校再次捧得“创青春”创业大赛“优胜杯”。

2007 年 11 月 19 日，我校本科生童志毅的“村民掌中宝”作品获得第十届挑战杯特等奖。

2016 年 11 月 22 日，钟志华校长与创业大赛获奖学生交流。

2012 年 11 月 28 日，第八届“挑战杯”复星中国大学生创业计划竞赛闭幕式在我校举行。

2015 年 11 月 20 日，第十四届挑战杯课外学术科技作品竞赛喜获“优胜杯”。

2014 年 8 月 27 日，我校学子获全国大学生工业自动化挑战赛特等奖。

2012 年 11 月 28 日，第八届“挑战杯”复星中国大学生创业计划竞赛的收官之战——“创业达人挑战赛”在我校举行。

2015 年 3 月 6 日，我校学生获全球 xplore 电气自动化大奖赛一等奖。

2015 年 5 月 20 日，同济大学代表队获世界头脑奥林匹克决赛大学组冠军。

2016 年 4 月 11 日，同济学子获美国土木工程大学生竞赛多项冠军。

2016 年 10 月 15 日，同济学子在中国“互联网 +”大学生创新创业大赛斩获 1 金 2 银。

2016 年 10 月 15 日，同济翼驰车队获“2016 昆仑润滑油杯”中国大学生方程式汽车大赛总冠军。

同济创业谷

2013 年 5 月，“同济创业谷”利用彰武路校区旧厂房改建而成，通过建设一个“讲述创业故事、分享创业经验、畅谈创业感悟、汇集创业力量”的大学生创业实践平台，打造大学生创新创业孵化新链条，建成“从大学校区到科技园区的最后一公里工程”。

同济创业谷围绕“催生好的创新创业项目、培育好的创新创业人才、提供好的创新创业服务”这一目标，促进“学校、企业、政府、社会、资本”五个要素全方位互动，推进“学时、学分、学程、学位”和“教师工作量认定”，成立“同济创客联盟”。从 2013 年建设以来，共吸引来自全校 28 个院系 800 个具有“市场性、前瞻性、学科交叉性”的项目进行申报，先后签约入驻项目团队 216 个，近 800 名学生成为“创业谷会员”；45 个项目团队进入实体运营，吸引社会投资总计超过 3400 万元，创业谷吸引社会捐赠近资金 8000 余万元。嘉定创业谷顺利运营。

同济创业谷先后被授予“上海市创业孵化示范基地”“上海百万青年成长计划”最佳青年人才工作项目、“全国大学生创意示范园”。

“创业谷”“同济大学创业谷”
“同济创业谷”商标注册成功

2013 年 5 月 3 日，同济创业谷成立。

“真格基金”创始人徐小平、王强受聘“同济大学创新创业教育导师”。

2014 年 1 月 10 日，裴钢校长调研同济创业谷。

2014 年 1 月 8 日，校党委书记周祖翼调研同济创业谷。

2015 年 3 月 4 日，“同济大学 2345.com 基金”设立。

举办创业训练营。

“四学一量”推动创新创业教育体系升级

- 实现同济学生“100% 能有创新创业学时，10% 能有创新创业学程的学生创办优质创业企业”的目标。
- 将创新创业类课程在通识教育核心课程中的比例提升至五分之一，创新创业核心课程 15 门，相关课程 126 门。
- 出台《创业谷项目的创新学分认定方案》。
- 举办创新创业训练营。
- 开办创业谷学堂。
- 激活工商管理专业本科在校招生并与 MBA 联动贯通。
- 实现学生“休学创业”和“在读创业”双轮驱动。

2016年4月20日，“同济大学·成都龙泉国际青年创业谷”揭牌。

创业谷投资推介会。

思政教育

学校加强大学生思想政治工作，进一步推进大学生德育工作体系建设，创建了集思政教育、社会实践、志愿服务、创新创业及校园文化活动于一体的工作平台。在全国高校中首推“第二课堂成绩单”。推出“中国道路·名师讲坛”，积极培育和践行社会主义核心价值观，积极创新工作方式，发掘学生德育内涵，同心共筑中国梦；加大心理健康教育，坚持咨询干预并重，提升师生心理健康水平；加强培养锻炼，提升辅导员能力，进一步提升育人工作成效。

学校召开思想政治工作会议。

同济大学优秀大学生报告会。

汪品先院士开课“中国道路·名师讲坛”第一讲。

李占才教授获“高校思想政治理论课教师 2013 年度影响力人物”称号。

丁晓强教授获“高校思想政治理论课教师 2015 年度影响力人物”称号。

李睿获“2014 年第六届全国高校辅导员年度人物”称号。

2015 年 12 月 28 日，“我心目中的好导师”评选结果揭晓。

2015 年，同济大学承办上海市高校辅导员素质拓展活动。

2016 年 9 月 21 日，“陈云研究基地”揭牌。

2014 年 5 月 31 日，“邓小平与小康社会建设研究实践基地”揭牌。

辅导员队伍建设成果

- 全国、上海市辅导员年度人物 **6**
- **2** 教育部辅导员工作精品项目
- 教育部人文社科课题 **2**
- **7** 上海市育才奖
- 上海市阳光学者 **4**
- **4** 上海高校辅导员工作特色项目、培育项目
- 上海市学校德育研究系列课题 **23**
- **50** 同济大学优秀学生思想政治工作者
- 同济大学青年教师英才计划 **48**
- **108** 校级思政基金课题、辅导员工作课题项目

学校开发推广“iTongji-s”平台，记录学生在大学期间所参加过的思政教育、社会实践、志愿服务、创新创业及校园文化活动等第二课堂活动经历、表现及其所取得的成果。

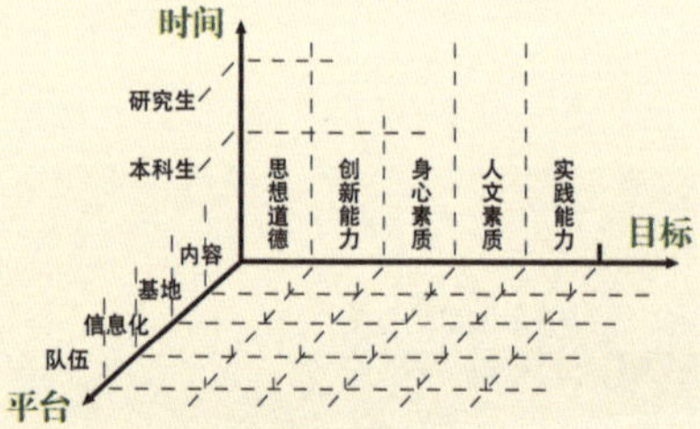

大学生素质培养三维示意图。

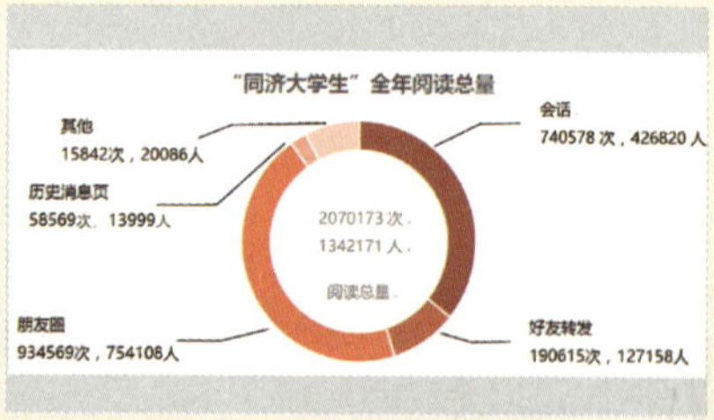

学校推出“同济大学生”“青春同济”等一系列微信公众号，开展网络思政教育。

同济大学第七届城市实践活动之“青春同行·红色印济”城市徒步活动。

同济大学少数民族文化风情展。

同济大学学生军训成果汇报展示。

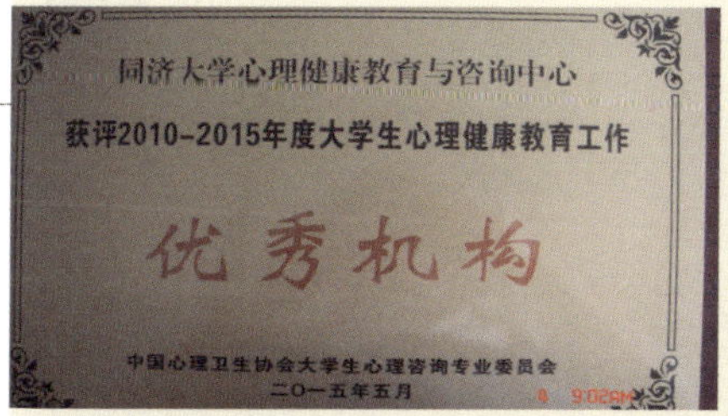

同济大学心理健康教育与咨询中心获“大学生心理健康教育工作优秀机构”称号。

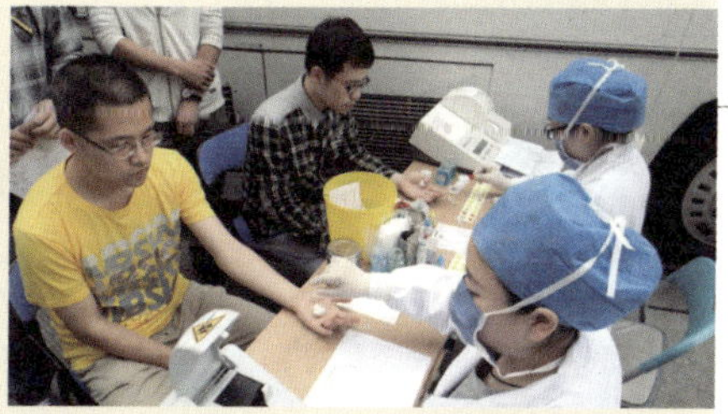

同济大学无偿献血活动。

2016 年 6 月 11 日，同济大学大学生思政教育工作会议。

2015 年 5 月 26 日，同济大学辅导员定西支教报告会。

同济大学励志成长报告会。

2008 年 12 月 30 日，关心下一代工作先进单位。

社会实践

学校注重对大学生社会实践的指导与组织，社会实践活动从单学科向跨学科转型，学生自发式调研向专业老师指导调研转型，体验式调查向专题研究转型，实现了社会实践优化转型的目标。依托新型城镇化研究、人•城市可持续发展、回高中母校宣讲、寒暑假社会实践等品牌实践活动，着力打造“知行合一”实践平台。联动政府、企业等多方资源，连续三年开展新型城镇化实践专项，在上海市“知行杯”社会实践大赛中，学校总体成绩优异。

2013 年 5 月 25 日，校党委书记周祖翼做客 CETV 谈大学生就业与同济创新创业人才培养。

“爱洒定西”荣获上海市社会实践 30 周年最具影响力十佳实践项目。

美丽乡愁公益团体项目成果。

千里草助学育人暑期项目——微笑成才夏令营活动。

大学生社会实践组图。

体育工作

2007—2017 年，学校进一步深化体育教育改革，以全面提升学生体质健康为核心，以教学团队建设为引领，逐步完善规章制度建设，强化制度管理，加强体育设施建设，建立同济大学大学生身心健康教育体系，积极构建体育教学、群体活动与竞赛三位一体的创新模式，大力开展阳光体育活动，形成“人人有项目、班班有活动、院院有比赛”的体育锻炼氛围，培养学生体育锻炼和健康的生活方式。2013 年学校被国家体育总局授予“全国群众体育先进单位”光荣称号。

全国象棋甲级联赛在我校举行。

第一届同济大学智力运动会。

上海市校园足球联盟在我校成立。

世界冠军焦刘洋辅导学生游泳训练。

学校举办“嘉园杯”健康万步走活动。

“同搏杯”院系足球邀请赛冠军队合影。

2017 年 5 月 12 日，同济大学第四十五届运动会举行。

学校坚持打造高水平运动队，建立起游泳、足球、体操、手球、羽毛球等运动队，在国际、国内各类赛事中争金夺银，成绩斐然。在全国大学生运动会上，我校运动员多次获得“校长杯”。

2007—2016 年同济大学运动员国际比赛成绩统计表

年份	第一名	第二名	第三名	第四名
2007	4	1	0	3
2008	1	1	1	1
2009	16	4	0	0
2010	17	5	3	0
2011	6	1	2	0
2012	1	3	4	0
2013	2	0	2	3
2014	0	2	3	0
2015	4	2	1	0
2016	9	2	0	0
合计	60	21	20	7

2007—2016 年同济大学运动员全国比赛成绩统计表

年份	第一名	第二名	第三名	第四名	第五名	第六名	第七名	第八名
2007	25	14	6	18	4	6	0	6
2008	10	20	12	12	13	9	3	3
2009	25	22	19	9	4	8	8	4
2010	10	10	6	0	0	0	1	3
2011	15	15	11	5	4	0	4	2
2012	17	14	3	9	11	8	8	2
2013	8	9	16	9	7	18	6	9
2014	25	7	13	1	12	10	4	2
2015	22	22	21	1	6	2	1	1
2016	13	5	11	7	12	13	7	2
合计	170	138	118	71	73	74	42	32

2016 年 4 月 2 日，我校学子在东京健美操世界杯大赛夺冠。

校羽毛球队员马晋获 2012 年伦敦奥运会混双银牌。

校足球队获 2012 年中国大学生足球联赛总决赛亚军。

学生就业

学校强化以服务国家战略为导向，推动毕业生更高质量就业与创业，实现就业创业工作水平的提升，同时在信息化、职业生涯规划、教育体系建设、队伍建设、毕业生就业数据挖掘与共享等方面成效显著。每年举办各类招聘活动千余场，开设课程、讲座、团体辅导等职业生涯教育活动数百场，在推进选调生等校地合作方面取得成绩，在海峡两岸就业创业工作交流方面取得突破。十年来，毕业生就业率保持在 96% 以上，用人单位和毕业生的满意度均保持较高水平。学校就业创业工作获多项表彰，典型案例多次被媒体报道。

2007—2016 届毕业生人数

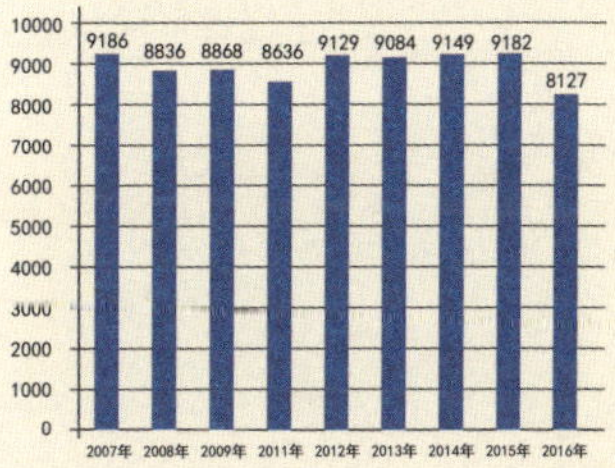

2007—2016 届毕业生就业率

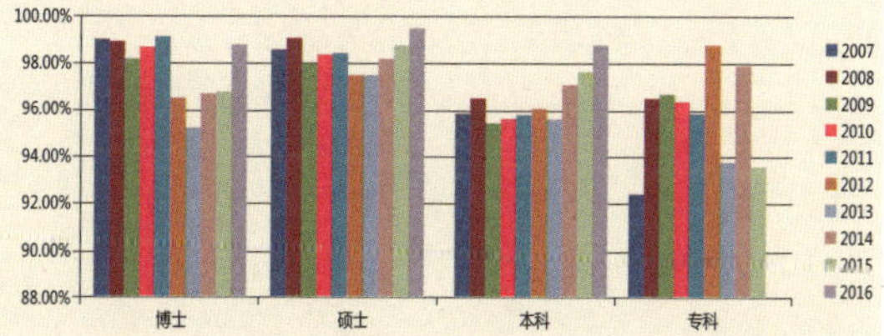

校园综合招聘会。

2015 年 7 月 6 日，海峡两岸高校学生生涯教育交流会暨逢甲大学“2015 大中华区职场体验营”。

毕业典礼。

学生就业系列报告。

2015 年 10 月 16 日，同济大学与长春市签署校地人才合作培养协议。

2016 届国家重点单位、西部、基层就业座谈会。

2011—2016 年我校毕业生求职需求比

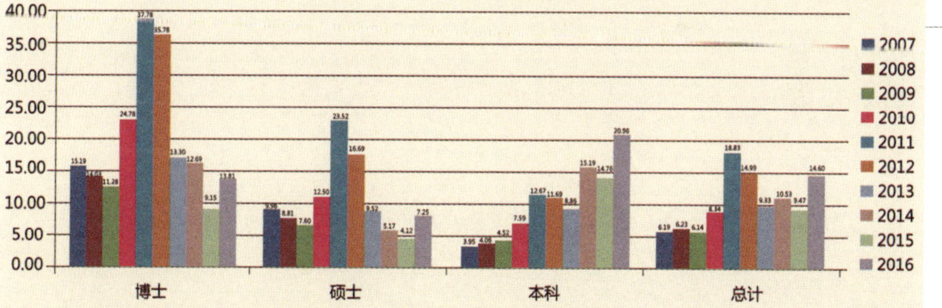

2015 年 11 月 16 日，四川选调生宣讲会。

2015 年 11 月 10 日，广西壮族自治区选调生座谈会。

科 学 研 究

科学研究

学校以培养高水平科研人才和团队、产出高水平科技成果、提升科研创新和社会服务能力为导向，完善科研管理、激励和考核等政策，科研经费连年递增，着力打造科研基地平台、文科智库，新增3个国家工程技术研究中心，“智能型新能源汽车协同创新中心”入选国家“2011计划”。自然科学基金项目年均获批数超过400项，位居全国前十。坚持协同创新，提升科研实力，增强科技创新能力。

2007—2016 年国家自然科学基金经费

单位：万元

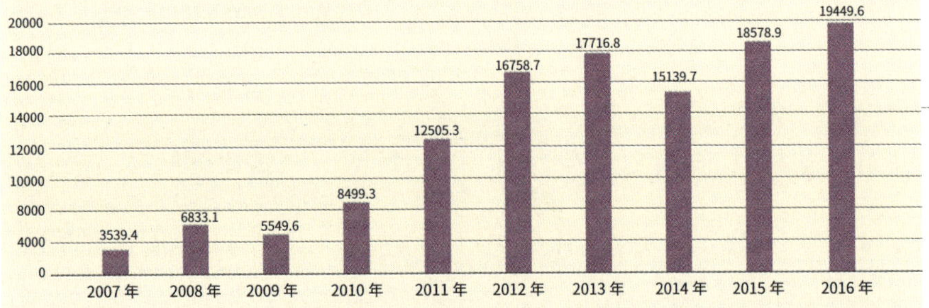

2007—2016 年科研经费

单位：亿元

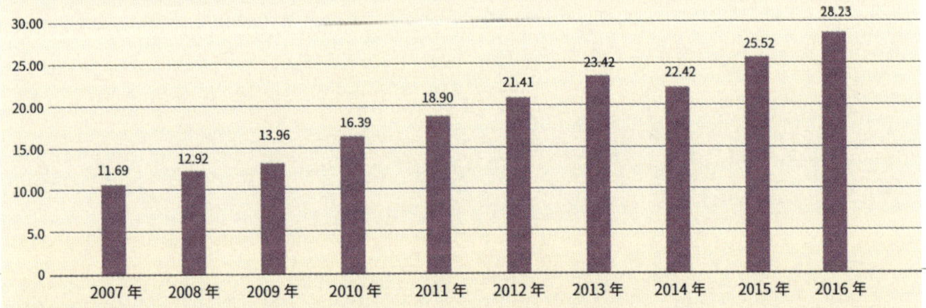

2007—2016 年论文发表数

单位：篇

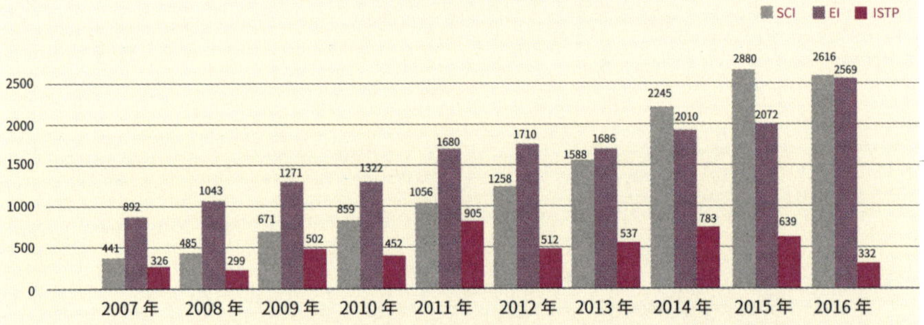

2007—2016 年专利数

单位：件

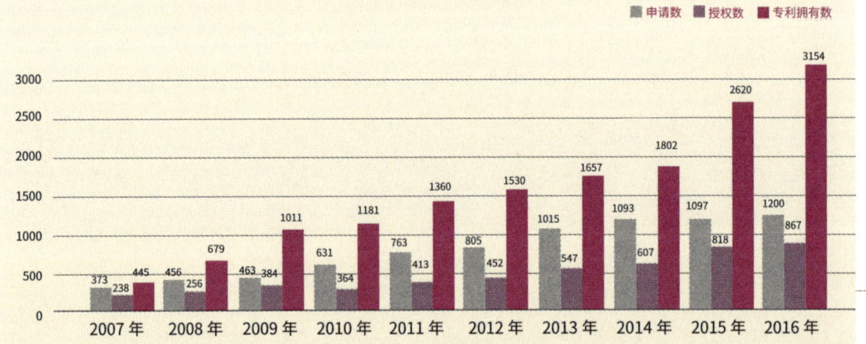

国家自然科学基金委重大研究计划项目——南海深海过程演变

“南海深海过程演变”重大研究计划于2010年7月正式立项，是我国海洋领域第一个大型基础研究计划。该计划采用一系列新技术探测海盆，揭示南海的深海过程及其演变，再造边缘海的“生命史”，从而为边缘海的演变树立起系统研究的典范。

该研究计划预计执行期为8年（2011—2018），总经费为1.5亿元，由我校汪品先院士担任指导专家组组长。研究计划的资助项目类别包括“重点支持项目”“培育项目”和“集成项目”。

国家重大科技专项——水体污染控制与治理科技重大专项项目

水体污染控制与治理科技重大专项（简称水专项）是国家设立的16个重大科技专项之一，同济大学环境科学与工程学院主持承担了“巢湖流域城市水污染控制及水环境治理技术研究与综合示范项目（巢湖项目）”和“长江下游地区饮用水安全保障技术集成与综合示范项目（长江项目）”两个项目共7个课题的研究工作，参与其他21个课题的研究任务。

合肥市望塘污水处理厂深度除磷脱氮示范工程。

无锡市中桥水厂膜深度处理示范工程。

国家重大科技基础设施建设项目——国家海底长期科学观测系统

国家海底长期科学观测系统是由同济大学牵头的国家重大科技基础设施建设项目，2017年3月底经国家发展改革委员会正式批复。项目建设周期为5年，总投资逾21亿元。国家海底科学观测网将在我国东海和南海分别建立主要基于光电复合缆连接的海底科学观测网，实现中国典型边缘海（东海和南海）从海底向海面的全方位、综合性、实时的高分辨率立体观测；在上海临港建设监测与数据中心，对整个海底科学观测系统进行监测与数据存储和管理。

“十二五”国家科技支撑计划项目——高速磁浮交通工程化集成系统研究

2013年5月，由我校牵头承担的“十二五”国家科技支撑计划“高速磁浮交通工程化集成系统研究”项目启动。来自全国各地的十几家高等院校、研究机构和企事业单位共同参与。

课题主要的研究任务包括“高速磁浮上海示范线技术支持与兼容部件和设备研制”“高速磁浮交通系统研究及关键设备研制”“高速磁浮半实物仿真多分区运行控制设备研制”“高速磁浮半实物仿真多分区牵引控制设备研制”“基于永磁电磁混合悬浮的车辆技术研究”和“磁浮交通前沿技术探索研究与技术标准编制”等6项内容。

2013 年 6 月 18 日，在中国南海执行首个试验性应用航次的“蛟龙”号载人潜水器首次搭载科学家下潜探海。周怀阳教授作为首个科学试验性应用航次的科学负责人，完成深海观测任务。6 月 20 日，首位女“乘客”——我校杨群慧副教授搭载深潜。

周怀阳教授南海深潜。

国际大洋发现计划——IODP349 航次

2014 年 1 月 28 日，由我国科学家建议、设计并主持的南海第二次大洋钻探——国际大洋发现计划 349 航次（简称 IODP349 航次）从香港启航，前往南海探索 4km 深海底的奥秘。同济 7 位教授随船参加此次科学考察。航次首席科学家由我校海洋与地球科学学院教授李春峰及我校兼职教授、美国伍兹霍尔海洋研究所研究员林间共同担任。该航次在南海经历 62 个日夜，于 2014 年 3 月 30 日圆满结束。

国际大洋发现计划 349 航次的科学家合影。

参加国际大洋发现计划 349 航次的同济人。

同济教授与外国科学家。

科研获奖

范立础　院士

项目：大跨、高墩桥梁抗震设计关键技术

主要完成人：范立础

奖项：国家科技进步一等奖

时间：2009 年

童小华　教授

项目：航天重大工程的遥感空间信息可信度理论与关键技术

主要完成人：童小华

奖项：国家科技进步一等奖

时间：2016 年

葛耀君　教授

项目：特大桥梁颤振和抖振精细化理论

主要完成人：葛耀君 朱乐东 项海帆

奖项：国家自然科学二等奖

时间：2010 年

项目：大跨度桥梁结构和行车抗风安全的气动控制技术

主要完成人：葛耀君

奖项：国家技术发明二等奖

时间：2014 年

张亚雷　教授

项目：厌氧-微藻联合资源化处理高浓度有机废水新工艺

主要完成人：张亚雷

奖项：国家技术发明二等奖

时间：2009 年

李杰　教授

项目：工程结构抗灾可靠性设计的概率密度演化理论

主要完成人：李杰

奖项：国家自然科学二等奖

时间：2016 年

赵建夫　教授

项目：耦合式城市污水处理新技术及应用

主要完成人：赵建夫

奖项：国家技术发明二等奖

时间：2008 年

蒋昌俊　教授

项目：基于虚拟超市技术的大规模网络资源管理及其应用

主要完成人：蒋昌俊 陈闳中

奖项：国家技术发明奖二等奖

时间：2010 年

项目：城市交通智能路网的关键技术及应用

主要完成人：蒋昌俊

奖项：国家科技进步二等奖

时间：2013 年

项目：网络交易支付系统风险防控关键技术及其应用

主要完成人：蒋昌俊

奖项：国家科技进步二等奖

时间：2016 年

孙立军　教授

项目：城市交通智能诱导系统与关键技术

主要完成人：孙立军

奖项：国家科技进步二等奖

时间：2007 年

项目：重交通沥青路面设计的理论体系、关键技术与工程应用

主要完成人：孙立军

奖项：国家科技进步二等奖

时间：2009 年

吴启迪　教授

项目：国产化智能温室及其环境控制系统等配套设施的研制

主要完成人：吴启迪

奖项：国家科技进步二等奖

时间：2007 年

朱合华　教授

项目：软土盾构隧道设计理论与施工控制技术及其应用

主要完成人：朱合华

奖项：国家科技进步二等奖

时间：2008 年

项目：城市高密集区大规模地下空间建造关键技术及其集成示范

主要完成人：朱合华

奖项：国家科技进步二等奖

时间：2016 年

万 钢 教授

项目：燃料电池轿车动力平台关键技术

主要完成人：万钢

奖项：国家科技进步二等奖

时间：2008 年

赵由才 教授

项目：生活垃圾能源化与资源化关键技术及应用

主要完成人：赵由才

奖项：国家科技进步二等奖

时间：2013 年

何 斌 教授

项目：大型风电水电机组低频故障诊断关键技术

主要完成人：何斌

奖项：国家科技进步二等奖

时间：2016 年

徐祖信 教授

项目：农村污水生态处理技术体系与集成示范

主要完成人：徐祖信

奖项：国家科技进步二等奖

时间：2014 年

凌建明 教授

项目：滨海地区粉细砂路基修筑与长期性能保障技术

主要完成人：凌建明

奖项：国家科技进步二等奖

时间：2016 年

重要项目

“973”项目：地球圈层相互作用中的深海过程和深海记录

首席科学家：汪品先　院士

“973”项目：大洋碳循环与气候演变的热带驱动

首席科学家：翦知湣　教授

“973”项目：信息服务的模型与机理研究

首席科学家：蒋昌俊　教授

“973”项目：物联网基础理论和设计方法研究

首席科学家：赵伟　教授

“973”项目：重要病原菌与宿主相互作用分子机制的研究

首席科学家：杨晓伟　特聘研究员

“973”项目：高速铁路软土路基长期运营沉降与环境振动控制

首席科学家：冯世进　教授

“973”项目：高性能分布式驱动电动汽车关键基础问题研究

首席科学家：余卓平　教授

“973”项目：胚胎发育的核小体重排和染色质重塑

首席科学家：江赐忠　教授

“973”项目：城市轨道交通地下结构性能演化与感控基础理论

首席科学家：朱合华　教授

重大科研计划：人多能干细胞多能性维持和发育潜能差异的系统研究

首席科学家：康九红　教授

重大科研计划：诱导性前脑神经祖细胞体内微环境的组分解析、条件优化和功能模拟

首席科学家：郑加麟　教授

重大科研计划：iPS 细胞重编程过程中染色体稳定性调控的机制研究

首席科学家：毛志勇　教授

“973”项目：干细胞资源库和关键技术平台的建设

首席科学家：徐国彤　教授

“973”项目：干细胞治疗视网膜变性的基础与临床转化研究

首席科学家：徐国彤　教授

“973”项目：西南印度洋洋中脊热液成矿过程与硫化物矿区预测

首席科学家：周怀阳　教授

“973”项目：心律失常的发病机理和干预研究

首席科学家：陈义汉　教授

“973”项目：特大跨桥梁全寿命灾变控制与性能设计的基础研究

首席科学家：葛耀君　教授

“973”项目：重要病原菌与宿主相互作用分子机制的研究

首席科学家：戈宝学　教授

重大科研计划：干细胞分化与重新编程中蛋白质的结构与功能研究

首席科学家：孙方霖　教授

重大科研计划：光子带隙调控、新效应及其应用

首席科学家：陈鸿　教授

重大科研计划：神经分化各阶段细胞命运决定的调控网络研究及其转化应用

首席科学家：章小清　教授

重大科学研究计划：近百年极地冰层和全球及典型区域海平面变化机理精密定量研究

首席科学家：李荣兴　教授

平台建设

2007—2017 年，学校着重建设了一批重大科研平台，为科学研究和技术服务提供了有力的支撑，如建设关键技术指标均达到世界领先水平、拥有全部自主知识产权的国内首个“汽车整车风洞”，作为公共性汽车和轨道车辆技术平台，为我国汽车和轨道车辆工业的自主研发提供了重要的基础性服务。还建有国内第一个“城市轨道交通综合试验平台”，世界规模最大的“多功能振动实验中心”“海底观测研究实验基地”等。

风洞中心内景。

2007—2017 年新增科研平台

国家工程实验室

- 新能源汽车及动力系统国家工程实验室国家工程（技术）研究中心
- 国家燃料电池汽车及动力系统工程技术研究中心
- 国家设施农业工程技术研究中心
- 国家土建结构预制装配化工程技术研究中心

省部级重点实验室

- 岩土及地下工程教育部重点实验室
- 高密度人居环境生态与节能教育部重点实验室
- 心律失常教育部重点实验室
- 先进微结构材料教育部重点实验室
- 桥梁结构抗风技术交通行业重点实验室
- 国家中医药管理局重点研究室（名中医传承模式）
- 中国气象局上海城市气候变化应对重点开放实验室
- 上海市特殊人工微结构材料与技术重点实验室
- 上海市信号转导与疾病研究重点实验室
- 上海地面交通工具空气动力与热环境模拟重点实验室
- 上海市化学品分析、风险评估与控制重点实验室

科技部国际联合研究中心

- 新能源汽车工程中心
- 干细胞与再生医学国际联合研究中心
- 地震工程国际联合研究中心
- 教育部国际合作联合实验室
- 地震工程国际合作联合实验室
- 生态化城市设计国际合作联合实验室

省部级工程（技术）研究中心

⊙ 道路交通安全与环境教育部工程研究中心

⊙ 重大工程施工技术与装备教育部工程研究中心

⊙ 上海设施农业工程技术研究中心

⊙ 上海宝石及材料工艺工程技术研究中心

⊙ 上海网络信息服务工程技术研究中心

⊙ 上海蓝宝石单晶工程技术研究中心

协同创新中心

⊙ 智能型新能源汽车协同创新中心（教育部）

⊙ 重交通道路耐久与安全交通部协同创新平台（交通部）

⊙ 海底过程研究协同创新中心（上海市）

⊙ 电子商务交易与信息服务高新技术产学研开发中心（上海市）

⊙ 智能城镇化协同创新中心（上海市）

⊙ 磁浮与轨道交通运行控制系统产学研合作开发中心（上海市）

地震工程馆。

中低速磁浮试验线。

国家海底科学观测网平台。

交通行为与交通安全模拟实验平台。

文科建设

十年来，我校文科发展取得长足进步，获得省部级项目达到 314 项，115 项课题获国家社科基金项目立项，其中重大项目 11 项；65 个项目获教育部哲学社会科学基金项目资助，其中重大项目 2 项；75 个项目获上海市社科规划项目资助，其中重大项目 1 项。此外，获得其他省部级项目 59 项。

2011—2016 年国家及省部级项目情况（文科）

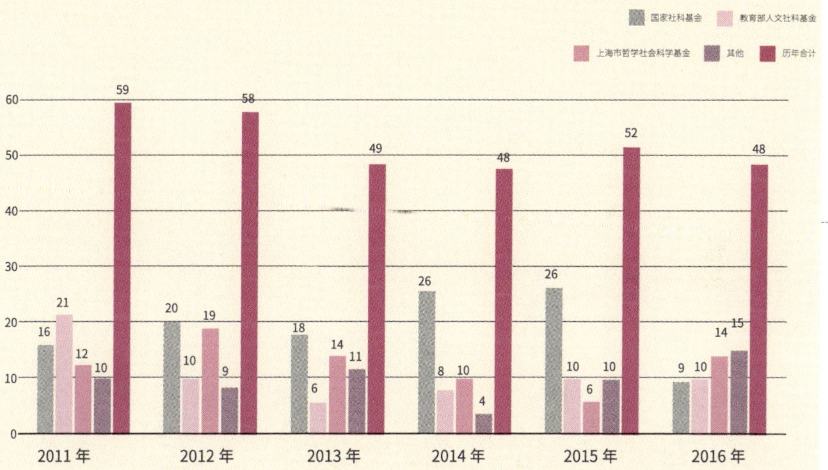

2007—2017 年期间，我校文科科研机制不断完善优化，学科队伍素质显著提高，科研能力大幅度增强，整体科研条件得到明显改善。科研经费大幅增长，2016 年达 4880 万元，其中国家纵向课题经费增长显著；获得省部级奖项 54 项。成立了“同济大学可持续发展与新型城镇化智库”和“同济大学德国研究中心智库”，其中德国研究中心也是教育部国别和区域研究培育基地。

2011—2016 年科研经费

单位：万元

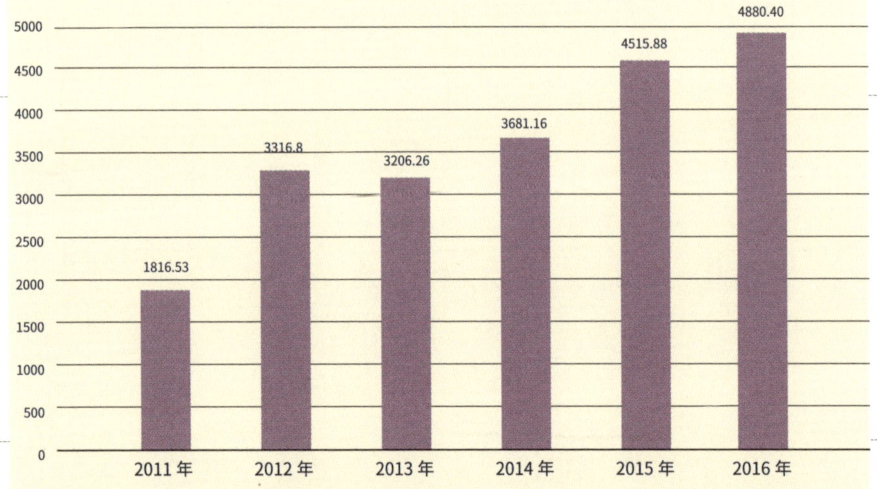

重大项目

国家社会科学基金重大项目：

新形势下党的作风建设创新研究

首席专家：丁晓强　教授

国家社会科学基金重大项目：

不同社会群体利益诉求和思想状况调研

首席专家：郭强　教授

国家社会科学基金重大项目：

我国市级发展规划编制中的公众参与机制研究

首席专家：朱德米　教授

国家社会科学基金重大项目：

促进自主创新能力建设的国家知识产权政策体系研究

首席专家：朱雪忠　教授

国家社会科学基金重大项目：

《海德格尔文集》编译

首席专家：孙周兴　教授

国家社会科学基金重大项目：

城市社会来临背景下的中国智慧城市理论体系建构

首席专家：吴志强　教授

国家社会科学基金重大项目：

习近平治国理念之外交战略思想研究

首席专家：仇华飞　教授

国家社会科学基金重大项目：

环境治理的市场化制度与社会化共治体系研究

首席专家：杜欢政　教授

国家社会科学基金重大项目：

城市关联网路视角下长江经济带发展战略研究

首席专家：唐子来　教授

国家社会科学基金重大项目：

中医药传统知识保护专门制度研究

首席专家：宋晓亭　教授

国家社会科学基金重大项目：

中华工匠文化体系及其传承新研究

首席专家：邹其昌　教授

教育部哲学社会科学研究重大课题攻关项目：

推进农民工市民化的理论与政策研究

首席专家：程名望　教授

社 会 服 务

社会服务

秉承“与祖国同行，以科教济世”的优良传统，学校长期注重发挥优势学科和基础研究的溢出效应，不断拓展社会服务的形式和领域，积极为国家建设发展做出贡献，与天津、广西、云南、四川、福建、河南、浙江宁波、山东青岛，上海虹口、普陀、静安等地，以及上海规划和国土资源管理局、中国商飞集团、中国路桥集团、上海复星集团等企事业开展全面合作，服务经济、社会发展。

2011 年 11 月 6 日，我校与广西壮族自治区人民政府签署战略合作协议。

2011 年 11 月 6 日，校领导与广西壮族自治区领导座谈。

2013 年 7 月 1 日，天津市委领导来我校调研。

2015 年 6 月 26 日，我校与河南省人民政府签订技术转移战略合作协议。

2016 年 3 月 7 日，我校与四川省成都市天府新区人民政府签署《产学研合作协议》。

2016 年 4 月 21 日，我校与云南省人民政府签署战略合作协议。

2016 年 1 月 15 日，我校与青岛市人民政府签署《青岛市—同济大学市校战略合作框架协议》。

2012 年 3 月 29 日，我校与宁波市人民政府签署全面战略合作。

2016 年 6 月 8 日，我校与黄浦区人民政府签署战略合作协议。

2010 年 6 月 2 日，我校与潍柴动力校企合作签约。

2016 年 11 月 16 日，同济中车创新研究中心揭牌。

2011 年 10 月 27 日，我校与浙江省交通规划设计研究院签署合作协议。

2012 年 1 月 14 日，燃料电池汽车和先进地面交通两个创新联盟成立。

2016 年 5 月 21 日，我校与上海汽车集团股份有限公司签约。

2015 年 11 月 24 日，我校与中国（绵阳）科技城携手共建“智能制造工程技术研究中心”。

2016 年 11 月 17 日，同济大学成立国内首个“城市风险管理研究院”。

2013 年 5 月 30 日，我校与中国建筑股份有限公司签订战略合作框架协议。

2014 年 4 月 27 日，我校参与的“中德合作青岛世园分质水处理及资源化利用示范项目”竣工。

重大工程

同济大学一直坚持社会服务的价值取向，坚持产学研结合，积极发挥建筑、土木、海洋、环境、车辆、交通等学科水平居先的优势，不断拓展社会服务的途径，在城市规划、新能源汽车、桥梁、交通、环境、地下、水域治理等关乎国计民生的领域做出了重大贡献。举全校之力全面、深度参与汶川地震的灾后重建以及中国2010上海世博会，以人才聚集和知识辐射形成“环同济知识经济圈”。

学校主动服务国家、地方重大建设工程，为上海中心、港珠澳大桥等重大工程提供科技支撑服务；编制郑州航空港经济综合实验区规划；参与建设上海迪斯尼乐园。同时，学校还积极为国内桥梁与隧道、城市轨道交通、水环境治理、崇明生态岛、新能源汽车等重大战略需求提供强有力的科技支撑。

我校设计的非盟会议中心。

我校参与建设的苏通大桥。

我校参与建设的泰州大桥。

我校参与建设的杭州湾大桥。

我校参与建设“上海中心”

我校承担北京奥运会主会场鸟巢钢结构承重设计。

我校为港珠澳大桥建设提供科技支撑。

我校为中国首条中低速磁浮线提供技术支撑。

我校设计的北京奥运乒乓球馆。

我校深度参与上海迪士尼设计建设工作。

我校主持设计的北京奥运燃料电池轿车发车。

我校为“500m 口径球面射电望远镜”提供技术服务。

同济教授领衔北京副中心城市总体规划。

我校主持完成郑州航空港经济综合实验区规划。

服务世博

城市，让生活更美好；同济，为世博添光彩。世博会的申办、规划、建设、运营，同济大学全力以赴：同济教授承担了园区总规划师、城市最佳实践区总策划师、主题馆总设计师等世博 8 总重任；学校先后承担科技部和上海市世博科技专项的 170 多个项目，完成各类规划设计任务 90 多项，几乎涵盖了学校的所有学科；世博园中多个场馆建设、园区示范运行的新能源汽车、一轴四馆大跨结构抗震抗风研究等都凝聚了我校专家和学科团队的心血智慧；近 6 000 名青年志愿者参加了世博园区、城市站点和其他特殊岗位的志愿服务。

世博园同济设计方案。

学校领导参加世博工作研讨会。

世博研究中心工作研讨。

世博园开园首日学校领导慰问志愿者。

世博会志愿者誓师出征。

专家团队

世博会总策划师之一
郑时龄　院士

世博会园区总规划师
吴志强　教授

世博会城市最佳实践区总策划师
唐子来　教授

世博会工程建设总体项目管理总负责
乐云　教授

世博标志性建筑主题馆总设计师
曾群　教授

世博村总体规划及设计总协调
丁洁民　教授

世博会园区夜景照明总体策划总负责
郝洛西　教授

世博交通规划方案总策划团队
杨东援　教授

世博交通规划方案总策划团队
陈小鸿　教授

同济大学主持设计的世博场馆

主题馆。

欧洲联合二馆。

日本产业馆。

世博会博物馆。

城市最佳实践区中部街区 B4 展馆。

城市最佳实践区中部街区 B3 展馆。

城市足迹馆。

城市最佳实践区南部街区未来馆与全球城市广场。

加勒比共同体联合馆。

城市最佳实践区 B2 馆。

非洲联合馆。

同济大学参与设计的世博场馆

卢森堡馆。

荷兰馆。

澳门馆。

丹麦馆。

加拿大馆。

瑞士馆

英国馆

西班牙馆

法国馆

同济大学发挥学科优势，先后承担了世博建筑结构抗风和抗震研究、世博新能源汽车研发和示范运营、世博园区地下空间技术研究、世博园区废弃物利用、智能化生态建筑技术集成研究、世博轴超大跨度结构技术、世博停车换乘运行机制以及世博会知识产权保护、城市发展影响和对策研究等 170 多项科研项目，同济人以“勇于担当”的责任和“精益求精”的态度，为世博会提供智力支持。

世博园区专用燃料电池汽车。

施工现场测试。

屋面膜模型实验。

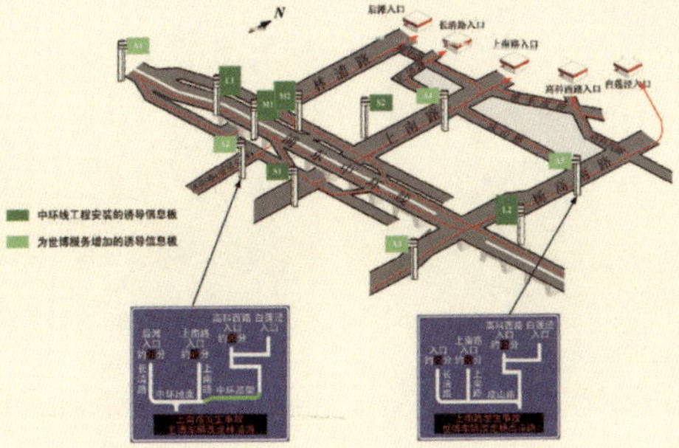

中环浦东段世博路由控制系统实施方案。

直饮水项目。

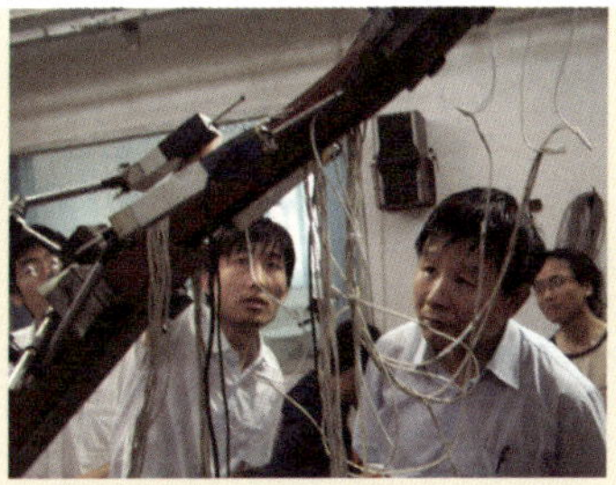

TJI 型屈曲约束支持研发试验。

世博轴阳光谷节点试验。

世博园区废弃物资源化利用（废弃混凝土再生制造）。

国家馆结构模型抗震试验。

由同济企业承建的信息通信馆。

同济监理在世博。

抗震救灾

5·12汶川地震发生以后，我校师生发扬“同舟共济、自强不息”的同济精神，践行个人、学校与国家、民族同命运的坚定承诺，不仅积极捐款、捐物，为抗震救灾提供物质支援，更以百倍的热情，在第一时间集结来自12个与抗震救灾实际需求密切相关学科领域的知名专家、教授和研究生，组织成立了“同济大学抗震救灾专业技术志愿服务队”，充分发挥学科专业优势，提供救死扶伤、地震灾评、房屋应急评估、临时安置规划等专业服务，为抗震救灾提供智力支援。我校专家学者和医护人员在抗震救灾第一线，以无私的奉献和卓有成效的工作，得到了当地政府和民众的高度赞赏。

2008年5月16日，学校组建抗震救灾专业技术志愿服务队。

我校规划专家组奔赴灾区。

医务人员踊跃报名去抗震救灾第一线。

匡晓明教授使用红外线测距仪勘测现场。

同济学子自发为幸存者祈福。

我校医护人员在灾区救治伤员。

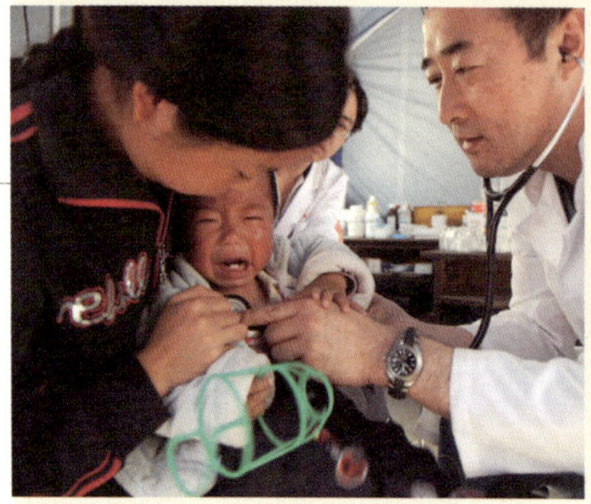

我校医护人员在灾区救治伤员。

吴志强教授带病坚持工作。

同济大学先后完成都江堰灾后重建安置总体规划和18个子规划项目、映秀镇灾后重建安置规划，承担支援《北川国家地震遗址博物馆》规划策划项目，主持设计北川国家地震遗址博物馆“裂缝”，完成《汶川地震灾后学校重建规划建设方案设计导则》编制，还承担了都江堰市北区初级中学等八所学校的对口援建设计工作。完成了都江堰向峨小学的设计及建设任务。

同济大学组建科技特派团对口援建都江堰市。特派团主要承担都江堰市灾区的城市恢复和建设、基础设施恢复和建设、农业生产流通恢复和建设三个方面的技术帮扶援建。先后承担了41个项目，近140人次赴灾区，参与专家300多人。

我校与绵阳市委签署援建北川地震遗址博物馆。

我校主持设计汶川地震纪念馆“裂缝”。

我校主持设计都江堰“壹街区”规划。

我校援建的向峨小学主教学楼。

“同舟共济 重建家园”抗震救灾座谈会。

我校主持设计天马循环农业工程项目。

2013年4月20日，四川雅安发生7.0级地震。同济师生主动捐款、捐物，举办“书香流转薪火相传”爱心书籍义卖等活动。同济规划团队负责制订“宝兴县灾后恢复重建规划”。

学校与地方政府联合推动建设“环同济知识经济圈”，形成以文化创意、规划设计、新型环保材料及产品设计、节能建筑、建设机械、工程软件为内容、具有同济特色的现代服务业产业结构，其产值从期初不足 30 亿元增长到 2016 年 327 亿元。从业人数 3 万余人，形成了设计研发类产业集群，成为国内首个以现代服务业为主的特色产业基地，开创了“三区融合，联动发展”的校地合作典范。

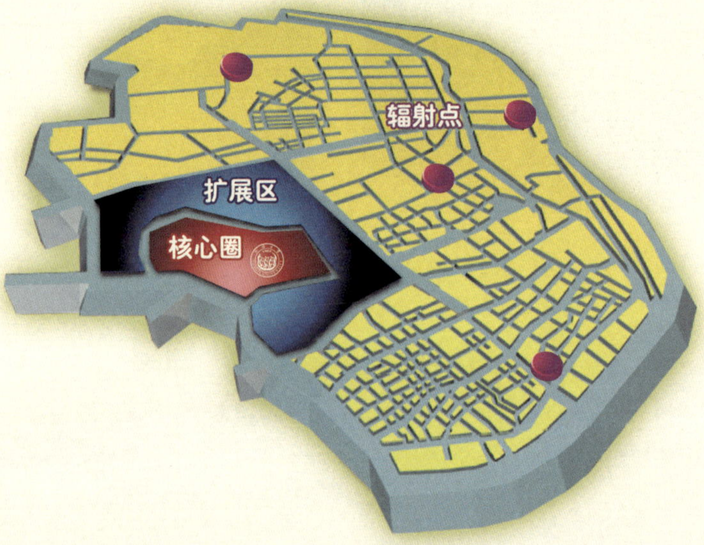

环同济知识经济圈示意图

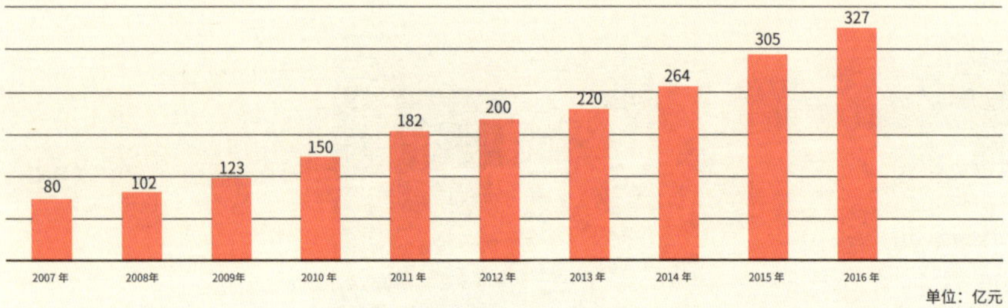

环同济知识经济圈年产值示意图

2009 年 4 月 19 日，环同济研发设计服务特色产业基地揭牌仪式。

2007 年 6 月 16 日，杨浦环同济知识经济圈建设启动。

2010 年 9 月 17 日，上海国际设计中心落成。

2009 年 9 月 12 日，环同济产业集聚区签约仪式。

对口支援

我校积极响应党中央国务院关于实施西部大开发的号召，按照教育部统一部署，全面开展了对口支援井冈山大学、新疆大学、大理大学、宜宾学院和九江学院的工作。十年来，在支受援双方的共同努力下，受援高校学科建设、师资队伍建设、学生培养、管理工作及社会服务水平均得到很大提升，同济人以实际行动践行了“与祖国同行，以科教济世”的承诺。

2011 年 12 月 4 日，我校获评“对口支援典型经验集体”。

2015 年 5 月 5 日，我校与井冈山大学对口支援工作例会。

2015 年 5 月 5 日，我校与井冈山大学签署联合培养本科生协议。

我校建筑与城市规划学院与新疆大学建筑工程学院签署协议。

同济学子走进宜宾学院。

我校对口支援大理学院研讨会。

2015 年 4 月 8 日，新疆大学校领导来我校访问。

2015 年 10 月 27 日，《同济大学－井冈山大学“十三五”时期对口支援工作规划纲要》签订仪式。

2012 年 10 月 15 日，我校与井冈山大学共同编创、两校师生共同参演的大型音乐舞蹈史诗《井冈山》上演。

同济大学自 2012 年开始定点扶贫云南省大理白族自治州云龙县，还承担帮助指导大理大学管理学科建设工作。学校与云龙县签署《同济大学云龙县定点扶贫合作框架协议》。学校每年派遣干部到云龙县挂职，各职能部门、院系、直属单位、附属医院、附属学校、广大师生和校友等积极参与到定点扶贫中，在人才、教育、城乡规划、医疗和资源等方面开展了一系列扶贫项目。

2015 年 8 月 4 日，校地领导与群众座谈。

2014 年 11 月 20 日，我校向团结乡初级中学捐赠奖助金。

20 多年来，我校与定西市合作的内容不断拓展，从捐资助校、失学儿童救助到人才培训、特色产业开发、城市建设规划和文化交流等，有力地支持了定西科教事业和经济社会的发展。同时，我校把定西支教与学生辅导员培养紧密结合在一起，截至 2016 年年底，学校先后派出 30 批支教团共 143 人，在定西进行每期 3 个月的支教活动。

2015 年 5 月 26 日，同济定西校地合作二十周年座谈会。

2012 年 4 月 5 日，同济青年教师支教团出征。

2012 年 5 月 22 日，定西十年支教交流会。

2015 年 5 月 26 日，我校为甘肃定西量身定制的"新型城镇化"专题培训班开学。

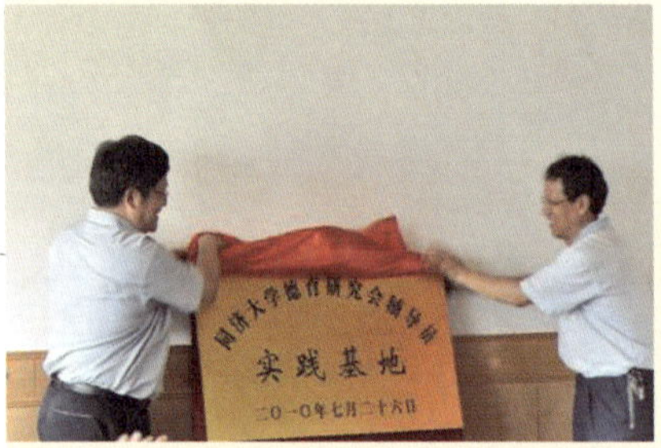

2010 年 7 月 18 日，同济大学定西辅导员实践基地揭牌。

我校派遣在定西支教的辅导员。

我校派遣学生辅导员去定西支教组图。

医疗服务

我校附属医院事业发展迅速，在地区医疗服务中做出了积极贡献。医学研究成果突出，医疗服务特点明显。附属同济医院积极设立“绿色通道”，开展公益手术，积极支持新疆、云南等地的医疗事业，荣获“慈善爱心医院”称号。附属东方医院成立“AHA专业示范中心”，开设全国首家助聋门诊，签约为法国在华首个医保点。附属第十医院对接江苏，启动“刷医保卡异地就医”活动；附属口腔医院实施“微笑重生计划”，荣登“全国最佳口腔专科声誉榜”。此外，附属第一妇婴保健院、附属肺科医院等也在社会服务方面作用显著，同济大学附属天佑医院、附属杨浦医院、附属普陀医院、附属养志康复医院（筹）等先后揭牌。

2011年11月27日，同济大学附属同济医院庆祝建院20周年。

2016年11月14日，中美健康医疗产业联盟成立。

2007年11月10日，同济大学附属第一妇婴保健院举行建院60周年庆典。

2012年12月8日，同济大学附属第十医院内科病房综合楼正式启用。

2013年3月29日，同济大学附属养志康复医院（筹）揭牌。

2012年11月23日，同济大学附属东方医院“干细胞工程转化医学中心”成立。

2013年12月16日，同济大学附属杨浦医院成立。

2015年3月30日，同济大学附属天佑医院（筹）揭牌。

2016年2月6日，同济大学附属普陀人民医院（筹）揭牌。

对 外 交 流

对外交流

学校进一步完善合作战略布局，在保持对德合作传统的基础上，继续强化对法、意、芬、西等欧洲国家的合作，加强与联合国机构和欧盟的合作，拓展对美合作，基本建成有特色、全方位、主动型、高水平的国际交流与合作体系框架。同时立足本校实际，强化组织保障，加强投入和队伍建设，形成“学校主导、学院主体、教师主流”的大外事格局和具有同济特色的国际化模式。至 2016 年末，形成中德学院、中法工程和管理学院、中德工程学院、中意学院、中芬中心、联合国环境规划署 – 同济大学环境与可持续发展学院、中西学院、联合国教科文组织亚太地区世界遗产培训和研究中心（上海）、上海国际设计创新学院、上海国际知识产权学院等 10 个国际合作平台；与国外 200 多所大学新签或续签各类校际协议；建设外语课程 463 门，打造了 4 个本科国际课程包、12 个硕士国际课程包和 1 个博士层次课程包；设立双学位培养项目 91 个；学生年均出境访问 3200 人次 (其中本科生 40%，研究生 60%)，教师年均出境访问 2500 人次；已建成 7 个国际联合实验室，年均国际合作项目经费达到 1500 万元；加强留学生招生质量，年均招收各类留学生 5000 名，其中学位生近 50%；海外校友会的数量达到 120 个。

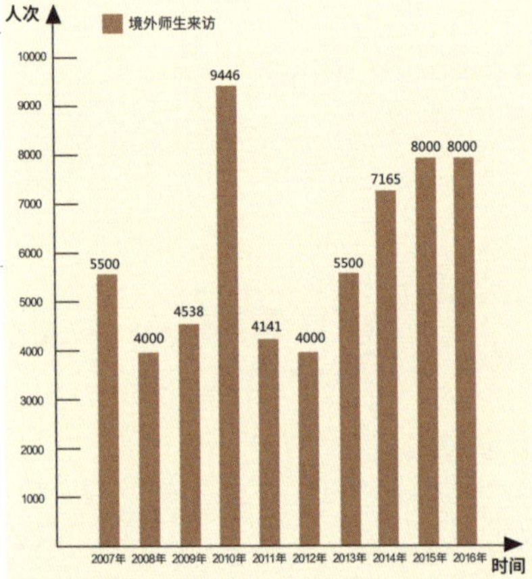

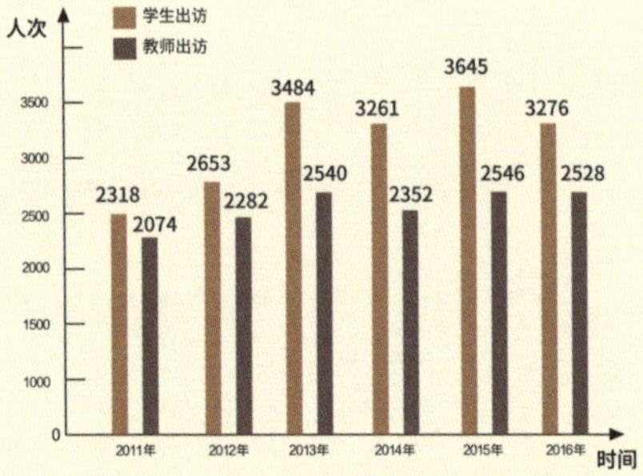

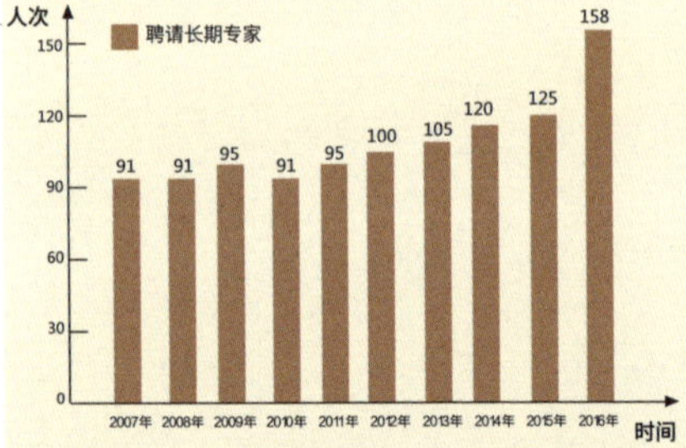

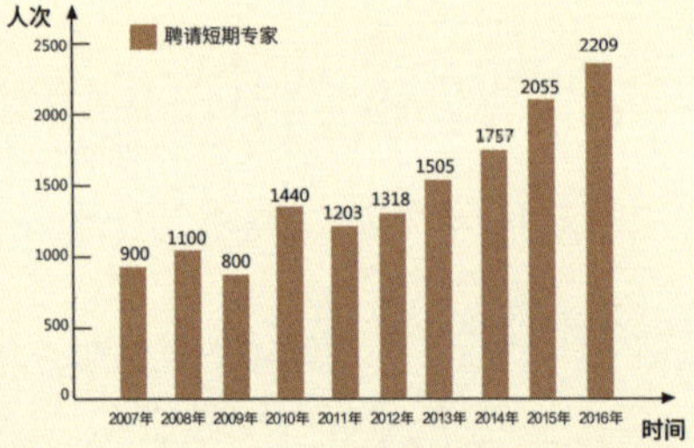

与阿尔托大学签约共建“上海国际设计创新学院”。

2016年10月32日，中意五校共同签署《联合声明》，共同推进以可持续发展为导向的创新人才培养。

德国达姆施塔特工业大学驻同济大学联络办公室揭牌。

新签或续签校际协议

德国

汉诺威大学　卡尔斯鲁厄理工学院　斯图加特大学　克劳斯塔尔工业大学
伊尔梅瑙工业大学　马堡大学　魏玛包豪斯大学
科隆大学　慕尼黑国防大学　康斯坦茨大学　慕尼黑大学
慕尼黑工业大学　亚琛工业大学　图宾根大学
波鸿鲁尔大学　德累斯顿工业大学　特罗辛根音乐学院
达姆施塔特工业大学　柏林工业大学　柏林洪堡大学
布伦瑞克工业大学　莱比锡大学　波恩大学
弗莱堡大学
弗里德希・亚历山大・埃尔兰根・纽伦堡大学
科特布斯・森fre腾堡工业大学

奥地利

格拉茨工业大学　维也纳工业大学
维也纳应用艺术大学　林茨大学　因斯布鲁克大学

瑞士

洛桑联邦理工学院　苏黎世联邦理工学院

法国

里昂大学联盟　国立里昂应用科学学院
欧洲高等商学院　格勒诺布尔管理学院
汉斯管理学院　里尔一大
图卢兹大学联盟　法国巴黎高科集团
法国矿业－电信学校联盟　布列斯特高校集团
法国图卢兹政治学院　SKEMA 商学院　尼斯大学
巴黎一大　里昂商学院　雷恩商学院　南特中央理工学校
昂热商学院　图卢兹商学院　ESSEC 商学院　巴黎六大
巴黎高科国立桥路学校　KEDGE 商学院　南特商学院
巴黎高科国立高等工程技术学校　巴黎高科国立统计与经济管理学校
巴黎高科巴黎高等理工化工学校　巴黎高科生命与环境科学学校
巴黎高科－国立巴黎高等矿业学校　巴黎高科－国立高等电信学校
国立统计与信息分析学校　法国高等公共工程学校
瓦朗西纳大学－国立高等工程师学校　国立阿尔比－卡尔穆高等矿业学校
国立里昂应用科学学院　法国国立卢瓦河谷应用科学学院
法国国立布列塔尼高等先进技术学校　法国国立公共工程学校
巴黎美丽城国立高等建筑学校　斯特拉斯堡国立高等建筑学校
凡尔赛国立高等建筑学校　巴黎中央理工－高等电力学院
瓦伦西纳大学－国立高等工程师学校

比利时

荷语布鲁塞尔自由大学　根特大学
法语布鲁塞尔自由大学　法语鲁汶天主教大学

荷兰

埃因霍温理工大学　格罗宁根大学　屯特大学
莱顿大学　鹿特丹伊拉斯姆斯大学

意大利

米兰理工大学　都灵理工大学　博洛尼亚大学　佛罗伦萨大学
特兰托大学　帕维亚大学　IUSS 高等学院　威尼斯建筑大学
威尼斯国际大学　威尼斯大学　罗马大学
罗马二大　罗马三大
那不勒斯费德里克二世大学
欧洲设计学院　Polimoda 时尚学院　摩德纳大学　佩鲁贾外国人大学

美国

加州大学伯克利分校　北卡罗莱纳大学　美利坚大学
德州农工大学　辛辛纳提大学　亚利桑那州立大学
内布拉斯加大学　佐治亚理工学院　普渡大学
伊利诺伊大学芝加哥分校　纽约州立大学石溪分校
夏威夷大学

英国

伦敦大学国王学院　拉夫堡大学　谢菲尔德大学
肯特大学　圣马丁设计与艺术学院
基尔大学　伦敦大学玛丽皇后学院

澳大利亚

澳大利亚天主教大学　斯威本科技大学　伍伦贡大学
悉尼科技大学　拉筹伯大学

加拿大

卡尔加里大学　肯考迪亚大学
女王大学金士顿分校　蒙特利尔综合理工大学
阿尔伯塔大学　多伦多大学

爱尔兰

都柏林圣三一学院　李默瑞克大学

俄罗斯

圣彼得堡国立综合理工大学　莫斯科鲍曼国立技术大学
圣彼得堡国立信息技术、机械及光学大学

西班牙

德里理工大学　马德里欧洲大学　加泰罗尼亚理工大学
瓦伦西亚理工　内布里哈大学　胡安卡洛斯国王大学
塞维利亚大学

墨西哥

国立理工学院　普埃布拉美洲大学　国立自治大学

日本

大阪大学　东京工业大学　九州大学　名古屋大学　东北大学
熊本大学　长崎大学　独协医科大学　横滨国立大学　金泽大学
冈山大学　岐阜大学　立命馆大学　早稻田大学　樱美林大学
德岛大学　信州大学　名古屋工业大学

韩国

韩国高等科学技术大学　庆熙大学　建国大学

芬兰

阿尔托大学　坦佩雷大学

丹麦

丹麦理工大学　Aalborg 大学

葡萄牙

里斯本高等理工学院

智利

智利大学　宗座天主教大学

阿根廷

布宜诺斯艾里斯大学

古巴

哈瓦那大学　哈瓦那高等理工学院

新加坡

新加坡国立大学

卢森堡

卢森堡大学

越南

河内地矿大学

瑞典

查尔姆斯理工大学

泰国

亚洲理工大学

毛里求斯

毛里求斯大学

印度尼西亚

印度尼西亚大学

哥斯达黎加

哥斯达黎加理工学院

引智工作

在实施“高等学校学科创新引智计划（111）项目”中，海洋与汽车两个基地进入第二轮建设，并建设环境、土木、建筑、交通四个基地。设计创意学院入选国家外国专家局“国际化示范学院推进计划”。2011年5月实施同济大学“模块化引智计划”和“外籍青年教授项目”。十年间，同济大学共聘请长期专家1071人次，短期专家14341人次。其中，5人入选国家外专千人计划，5人入选上海市外专千人计划。2人获“国家友谊奖”，2人获“国际科学技术合作奖”，3人获“上海市荣誉市民”奖，7人获“上海市白玉兰奖”。2015年，赫尔伯特·芒（Herbert Mang）教授当选中国工程院外籍院士。入选国家外国专家局“高端外国专家项目”149项169人次，执行率每年达90%以上。

同济大学海洋学院“111计划”基地开展中德合作航次研究。

模块化项目专家 Peter Berten 在对研究生进行艺术造型教学。

“111计划”项目专家 Dibble 教授指导师生开展试验研究。

“外专千人”日本籍专家 Toshiaki Shoji 在授课中。

高等学校学科创新引智计划（简称111计划）项目

海洋地质科学创新引智基地

节能与环保汽车创新引智基地

污染控制与资源化创新引智基地

土木工程防灾减灾创新引智基地

未来城市与建筑创新引智基地

2014年中国政府友谊奖获得者索达曼教授。

2007年5月29日，中德友好医院合资合同在京签署。

2016年3月23日，德国总统约阿希姆·高克访问同济大学并发表演讲。

2016年9月3日，意大利总理伦齐访问同济大学。

2010年11月5日，美国能源部长朱棣文博士来访。

2011年11月4日，与法国生态、可持续发展、交通与住房部部长 Nathalie Kosciusko-Morizet 签署合作意向书。

2010年8月25日，日本前首相福田康弘来访。

2014年10月22日，奥地利副总理 Mitterlehner 来访。

2014年7月7日，瑞士联邦院议长 Hannes Germann 来访。

2010 年 4 月 30 日，授予联合国副秘书长安娜名誉教授。

2012 年 12 月 14 日，同济大学与联合国环境规划署续签战略合作协议。

2013 年 5 月 16 日，联合国教科文组织总干事伊琳娜·博科娃教授获颁同济大学名誉博士学位。

2016 年 2 月 29 日，与联合国环境署签订新一轮的《合作谅解备忘录》。

2016 年 7 月 20 日，联合国人居署、上海市政府、同济大学签署《可持续城市发展教育培训合作备忘录》。

2016 年 9 月 6 日，联合国副秘书长兼环境署执行主任埃里克·索尔海姆来访。

2015 年 11 月 30 日，世界知识产权组织（WIPO）总干事费朗西斯·高锐（Francis Gurry）博士被聘为同济大学荣誉教授。

2007 年 7 月 13 日，诺贝尔物理学奖获得者格劳伯教授在我校演讲。

2008 年 5 月 19 日，诺贝尔物理学奖获得者、著名理论物理学家杨振宁教授来我校演讲。

2008 年 6 月 13 日，诺贝尔生理医学奖获得者安德鲁·沙利教授来我校演讲。

2013 年 1 月 8 日，诺贝尔化学奖获得者、美国斯坦福大学医学院分子和细胞生理学教授布莱恩·科比尔卡做客同济大师讲坛。

2016 年 11 月 17 日，诺贝尔奖获得者马歇尔教授访问同济大学附属东方医院。

2016 年 7 月 11 日，第十四届世界交通大会在我校召开。

2015 年 8 月 24 日，同济承办首次在华举办的 2015 年国际日耳曼学会世界大会。

2016 年 11 月 22 日，“设计中的人类因素”国际研讨会。

2010 年 9 月 21 日，国际氢能燃料电池技术论坛。

2010 年 4 月 16 日，复杂项目管理国际论坛。

2010 年 9 月 11 日，第三届中法可持续发展城市交通论坛。

2010 年 9 月 4 日，中欧工程教育论坛。

2013 年 11 月 17 日，21 世纪学术联盟工作会议及第五届国际学生论坛。

2011 年 5 月 31 日，第三届同济－伯克利合作联盟研讨会。

2011 年 4 月 29 日，柏林工大日举行，我校与柏林工大签署合作协议。

2015 年 5 月 10 日，与巴黎高科续签合作框架补充协议。

2016 年 10 月 26 日，我校与美国纽约州立大学石溪分校签署合作备忘录。

2016 年 11 月 8 日，与法国国立桥路学校签署“交通工程国际硕士项目”合作协议。

2016 年 7 月 12 日，杨贤金书记和 Keidel 校长分别代表双方学校续签了两校间的校际交流合作协议。

2011 年 11 月 11 日，达姆施塔特工大日。

2015 年 3 月 16 日，英国基尔大学校长来访。

2015 年 9 月 28 日，美国莱斯大学校长大卫・李布朗（David Leebron）访问我校。

2011 年 4 月 29 日，我校与柏林工大伙伴关系 20 周年庆。

2012 年 10 月 20 日，波鸿鲁尔大学日。

2015 年 10 月 22 日，西班牙马德里理工大学校长卡洛斯・贡德（Carlos CONDE）来访。

2016 年 10 月 20 日，瑞典林雪平大学校方代表 Per Larsson 教授一行来访。

2016 年 2 月 29 日，我校与施普林格・自然集团携手战略合作。

2015 年 1 月 9 日，西门子公司亚太区总裁博乐仁一行来访。

2015 年 1 月 12 日，法国圣戈班集团研发总裁 Didier Roux 院士来访。

2011 年 11 月 18 日，我校与弗劳恩霍夫应用研究促进协会签约。

2012 年 7 月 18 日，法国拉法基集团（LAFARGE）第一副总裁 Gerard Kuperfarb 先生来访。

2015 年 7 月 20 日，拜仁慕尼黑俱乐部 CEO 鲁梅尼格来访。

2009 年 10 月 5 日，我校与大众汽车签署培养留德学生意向。

2010 年 8 月 7 日，我校与欧直公司签署合作协议。

2011 年 9 月 16 日，我校与意大利泰诺健公司签约。

2015 年 5 月 20 日，赢创首席创新官 Kuesthardt 来访。

2010 年 5 月 6 日，德国技术公司总裁来访。

2010 年 9 月 3 日，欧洲宇航防务集团首席技术官来访。

2012 年 1 月 10 日，中德清洁水创新研究合作启动仪式。

2011 年 4 月 21 日，“中意设计创新中心”成立。

2013 年 11 月 15 日，“中欧城镇化协同创新中心”揭牌成立。

2013 年 10 月 18 日，“中德先进制造技术中心”成立。

2015 年 7 月 6 日，同济携美日意研究机构共建“地震工程国际合作联合实验室”。

2015 年 10 月 29 日，“交通安全国际合作联合实验室”成立。

2014 年 4 月 30 日，“中德清洁水创新中心”落户张江。

国际合作平台

· 中德学院
· 中意学院
· 中芬学院
· 中西学院
· 中德工程学院
· 中法工程和管理学院
· 上海国际设计创新学院
· 上海国际知识产权学院
· 联合国环境规划署－同济大学环境与可持续发展学院
· 联合国科教文组织亚太地区世界遗产培训和研究中心（上海）

“关于中德学院、中德工程学院合并意向书”签约。

2008 年 11 月 20 日，我校与法国巴黎高科－桥路大学校双文凭合作协议签约。

2010 年 11 月 3 日，中芬中心揭牌。

2007 年 5 月 22 日，联合国教科文组织亚太地区世界遗产培训与研究中心揭牌。

中意学院师生合影。

2007 年 5 月 18 日，联合国环境规划署与我校续约共建环境与可持续发展学院。

上海国际设计创新学院。

2012 年 5 月 25 日， 中西学院成立。

2016 年 4 月 14 日，同济大学上海国际设计创新学院揭牌。

2016 年 11 月 7 日，上海国际知识产权学院揭牌仪式。

海外校区

佛罗伦萨校区是同济大学在海外设立的首个校区，由同济大学、意大利环境部、托斯卡纳大区政府和佛罗伦萨市政府四方协议共建。该校区作为同济大学在意大利的海外教育实践基地，旨在积极推动与当地企业及知名教育文化机构的合作，开设暑期学院、艺术学科学生春季学期、师资访学等教育项目，并积极组织各类设计艺术交流、研讨和展示活动，致力于打造全球化教育开放平台。中国教育国际交流协会与同济大学签署协议，共同致力于将同济大学佛罗伦萨校区建设成为我国艺术学科大学生海外学习的重要中心和示范基地。2014 年 3 月 31 日，同济大学佛罗伦萨校区正式揭牌。

2013 年 4 月 20 日，同济大学与佛罗伦萨市政府签约，共建同济大学佛罗伦萨海外校区。

2014 年 11 月 3 日，《同济大学与佛罗伦萨市政府战略合作备忘录》签署。

2012 年 11 月 10 日，同济大学佛罗伦萨校区建设签约。

孔子学院

同济大学海外高校或教育机构合作建设有 4 家孔子学院和 2 所孔子课堂，分别为：日本樱美林大学孔子学院、德国汉诺威孔子学院、韩国庆熙大学孔子学院、意大利佛罗伦萨大学孔子学院，以及日本樱美林大学孔子学院高岛孔子课堂、日本立命馆孔子学院大阪课堂。

同济大学孔子学院致力于汉语语言文化的推广工作，每年平均开设的汉语班级超过 200 个、举办各类文化活动近百场。2014 年，日本樱美林大学孔子学院获评全球先进孔子学院。

2013 年 11 月 2 日，同济大学・立命馆大学孔子学院联合讲座开讲。

2012 年 5 月 28 日，雅韵流芳——中日青年京剧鉴赏会。

2007 年 4 月 29 日，我校向德国汉诺威孔子学院捐赠孔子塑像。

2013 年 1 月 10 日，韩国庆熙大学孔子学院举办本土汉语教师培训。

2014 年 3 月 31 日，意大利佛罗伦萨大学孔子学院揭幕。

移动课堂

2011 年，学校首次启动“创新国际移动课堂”，从北京到俄罗斯莫斯科、圣彼得堡，抵达芬兰首都赫尔辛基。“创新国际移动课堂”致力于将高校教育优势与市场取向紧密结合，让学生在移动中感受跨文化、跨学科的学习体验，提倡学生自主学习、学生主导创新设计，同时开展文化交流，推进中外高校合作。2012—2015 年，“创新国际移动课堂”分赴韩国、德国、澳大利亚、意大利等国。

2014 年，创新国际移动课堂澳大利亚汇报展览。

2015 年，“同济·荣耀创新移动课堂”开进米兰世博会。

2013 年 6 月，创新国际移动课堂出发。

同济日

2013 年 4 月 18 日，在英国谢菲尔德大学举办 "同济日" 活动。

2012 年 7 月 6 日，在柏林工业大学举办“同济日”活动。

2013 年 6 月 20 日，在达姆施塔特工业大学举办“同济日”活动展。

2013 年 6 月 20 日，参加达姆施塔特工业大学“同济日”活动的人员集体合影。

港澳台交流

同济大学与港澳台地区各高校之间有着较为密切的合作，与香港理工大学等高校签署 31 项协议，学生层面上有双学位培养、学分互认、联合毕业设计、学生交换、文化研习营、暑期班、毕业展、联合大学、“三创”（创新、创意、创业）活动等；教师层面上有师资互派、系科对接互访、合作科研、模块化教学等。从 2012 年开始实施“3 个 300”计划，即 300 人开展双学位合作、300 人交换学习并获学分、300 人为暑期赴港台参加学分班。

2016 年 2 月 26 日，我校与香港理工大学签约共建深圳高等研究院。

2010 年 10 月 5 日，我校与台湾世新大学和台湾逢甲大学签署了《交换暨双联学生交流培养合作协议书》，开展学分互认、双学位的合作。

我校学生在澳门大学交换学习。

2014 年 7 月 7 日，我校与港台高校首次举办联合大学。

港澳台交换生参观我校学生建设的太阳能竹屋。

2015 年，在台湾逢甲大学开设的联合大学课堂：人本设计课程。

2016 年 8 月 6 日，同济师生赴香港理工大学参加“三创”活动。

2015 年 7 月 13 日，我校师生赴台参加“同济－中华环岛创新专列之智慧旅游微型创业活动”。

暑期学校在台湾世新大学开学。

文 化 建 设

文化建设

同济大学注重文化传承和文化引领，积极营造浓郁的校园文化氛围，着力建设由文化导向引领、文化环境培育、文化载体支撑和文化影响传播四大平台构筑的具有同济特色的大学文化格局。

学校加强“文化规划”建设，从顶层设计规划校园文化建设，积极培育和践行社会主义核心价值观，加强爱国主义教育，激发师生爱国情怀；积极弘扬中华优秀传统文化，推进教育部中华优秀传统文化艺术传承基地（京昆）、上海市大学生戏曲艺术实践基地和“闻学堂”建设；注重图书馆、档案馆、校史馆、学生活动中心等文化阵地的建设，新建“校友之家”、博物馆，加强校史和校友文化建设；深化可持续发展特色文化，引领绿色环保节能工作；全面开展校园文化活动，举办同济大学艺术节，推进高雅艺术进校园以及师生群体活动；推进环境文化建设，基本完成嘉定校区道路、楼宇、景观的命名工作，推进四平路校区道路、楼宇、景观的命名完善工作；整合校内新媒体资源，发起并成立“同济大学新媒体矩阵联盟”。先后获评全国高校校园文化建设优秀成果一等奖和“礼敬中华优秀传统文化”示范项目。

同济大学文化建设架构图

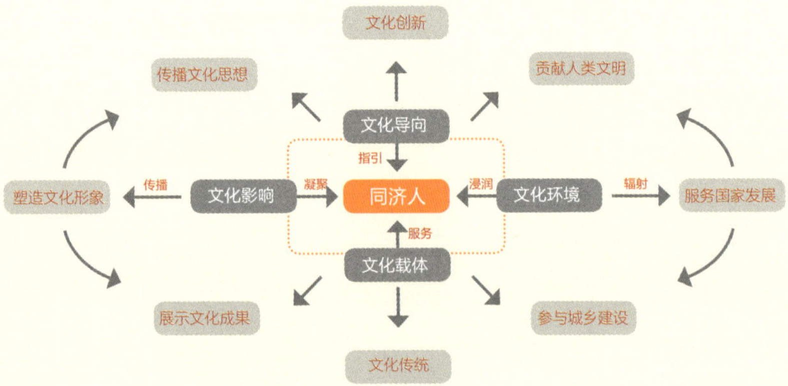

我校嘉定校区道路、楼宇、景观命名实施启动仪式。

2008 年 12 月 18 日，2008 年“感动同济”十大人物颁奖典礼举行。吕西林、降建新、四川校友会、王平、马健、马来西亚留学生杨永康、施向挺、校奥运会志愿服务队、吴志强和姜锡祥获荣誉奖杯。

学校积极弘扬革命文化和社会主义先进文化，近年来，组织多层次活动加强革命理想和爱国主义教育。2013 年组织开展“同心共筑中国梦”主题教育活动，2015 年举办“纪念中国人民抗日战争暨世界反法西斯战争胜利 70 周年”系列活动，举办纪念李国豪诞辰 100 周年系列活动，2016 年组织“坚定信念　不忘初心——纪念红军长征胜利 80 周年”系列活动等。2016 年 6 月，同济师生演绎校园版歌剧《江姐》，并通过学术研讨、学习讨论、研读原著、反哺老区等一系列活动，传唱、传播、传承红岩精神。“滋养浩然正气　点燃信仰明灯——同济大学创新手段传唱、传播、传承红岩精神”项目被评为全国高校“礼敬中华优秀传统文化”示范项目。

2016 年 6 月 16 日，校园版歌剧《江姐》首演。

同济学生开展“同心共筑中国梦、济世百年忆国豪”活动。

“国之英豪”纪念李国豪诞辰 100 周年朗诵会。

2016年9月6日，“我们的长征”2016年新生代表座谈会。

2015年7月20日，我校举办“抗日战争中的同济大学”档案图片展。

2016年9月6日，我校党委中心组参观长征胜利80周年图片展。

2015年9月2日，我校举行“重走迁校路•薪火永相传”迁校历程模拟活动。

2015年5月14日，我校举办“反法西斯战争中的中俄工科大学联盟院校”图片展。

开展“我的中国梦”系列之“绿野寻踪 保护地球”活动。

2014年5月20日，“同济大学追求卓越奖励基金”首次颁发“卓越奖”，郑时龄院士、周怀阳教授等10位师生校友获奖。其中，2人荣获卓越教师奖，2人荣获卓越服务奖，6人荣获卓越学生奖。“同济大学追求卓越奖励基金”旨在大力推进学校“卓越人才培养计划”，提高教学科研管理水平。“卓越奖”设卓越教师奖、卓越服务奖和卓越学生奖三类奖，每学年评颁一次。2015年、2016年分别在校庆日颁发第二届、第三届“卓越奖”。李占才、李国强、常青、李雨生等师生校友获奖。

第一届（2014年）

卓越教师奖

郑时龄

周怀阳

卓越服务奖

刘英俊

慎金花

卓越学生奖

陈宇鹏

胡鸿远

赵明

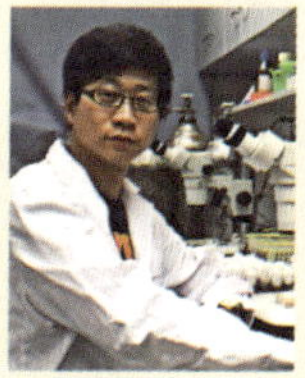

马仙珏

孙大旺

王瑾菲

第二届（2015 年）

卓越教师奖

李占才

李国强

卓越服务奖

徐浩良

潘慧斌

卓越学生奖

黄丌骊

戴自立

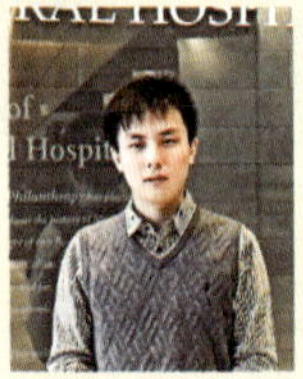
祁小龙

曹　帅

马曼・哈山

韦予杰

第三届（2016 年）

卓越教师奖

常　青

李雨生

卓越服务奖

姜锡祥

李家彪

卓越学生奖

李　垚

成铭钊

甘　为

蒋　涛

傅　博

陈秋杰

2011 年 6 月 7 日，杰出校友吴孟超院士回母校作报告。

2016 年 12 月 2 日，中国工程院院士魏敦山和段宁回母校演讲“可持续发展与未来”。

2012 年 5 月 16 日，普利兹克奖得主、校友王澍回母校演讲。

《同舟共济》舞台剧片断。

留学生参加迎新晚会演出。

109 周年校庆暨 2016 届毕业晚会。

一年一度的艺术节成为校园文化的品牌项目。

我校举办星期音乐会。

我校嘉定校区新年晚会。

非遗文化南音来我校演出。

爱沙尼亚钢琴八人联弹专场演出。

西藏歌舞团来校展现雪域魅力。

戏曲基地

2005年，“同济大学上海大学生戏曲艺术实践基地”正式挂牌成立，已经成为普及教育、传承弘扬京昆艺术的重要平台。2016 年 9 月，学校成为教育部首批“中华优秀文化艺术传承基地（京昆）”。近年来，学校不断加强探索与实践，逐渐建立起自成体系的运作规程，始终坚持“三个层面（课堂教育、剧场观摩、教唱实践）”的活动组织、“三个面向（校内、校外、国际）”的目标定位和“三个联动（校际、校区、专业团体）”的运行机制。组织编制《京剧》《昆曲》（口袋书），举办“高校京昆艺术普及教育研讨会”和系列展览、讲座，组织高校学生进行昆曲、京剧汇演，参加国际文化交流演出，开展社区、中学普及活动等。2016 年 8 月，我校学子在全国高校京剧演唱比赛中获一等奖 4 个、二等奖 1 个，在全国高校中名列第一，学校获得优秀组织奖。

2015 年 12 月 13 日，与上海京剧院联合主办“京剧走向青年 20 周年”青年京剧爱好者汇演。

2015 年 4 月 23 日，国韵流芳 校园传薪——高校京昆艺术普及教育研讨会。

2015 年 4 月 10 日，举办“麒艺流芳——纪念周信芳诞辰 120 周年图片展”上海高校巡展。

上海大学生昆曲汇演。

编制《京剧》《昆曲》口袋书。

2014 年 12 月 7 日，上海师生纪念梅兰芳周信芳诞辰 120 周年专场演出在逸夫舞台举行。

戏曲基地师生接受电视采访。

师生参加“豫园天天演”活动。

留学生登台演唱京剧。

闻学堂

同济大学"闻学堂"于 2013 年 6 月正式开放。"闻学堂"集传统文献借阅、展示、研讨三项功能于一体，通过展览、互动、体验并结合传统的阅读、交流、讲座等形式，搭建创新形式的传统文化教育平台，为学生营造一个传统文化学习与美学熏陶的空间。

"闻学堂"位于学校四平路校区图书馆南十楼，内设演讲报告区、阅览座位以及书画作品、古代机械、茶艺等展示和交流区域，内藏中国传统文化相关书籍 5000 余册。开设了"闻学讲堂""闻学展堂""闻学课堂""闻学知行堂""闻学雅集堂"等活动平台，先后开设了戏剧、书法、篆刻、武术、茶道以及《论语》等内容讲座，举办陶瓷作品、书法绘画等展览，开设了中华文明、论语导读、先秦哲学专题之《诗经》经学思想等传统文化选修、专业课程等。"构建闻学堂平台，传承弘扬中华优秀传统文化"项目被评为全国高校"礼敬中华优秀传统文化"特色展示项目。

举办"论语大会"。

闻学堂内景。

2016 年 9 月 27 日，举行"祭孔礼仪式"。

篆刻课堂。

闻学堂讲座。

立体阅读

学校创新文化活动方式，以“文化•传统•经典”为定位，通过多渠道、多形式推出了一系列文化教育“立体阅读”活动：“缤纷华夏”“再现敦煌”“经典上海”“中华记忆”“感受传统文化”等。“立体阅读”是融展览、讲座（含现场讲解）、演出（含影视纪录片播映）、文献阅读、与读者互动等多种形式为一体，全方位、多层次的系列宣传教育活动。2013 年，《大学“文化传承创新”新途径的持续探索——“立体阅读”项目》荣获全国高校校园文化建设优秀成果一等奖。

“中华记忆”立体阅读活动：读者在欣赏唐诗宋画展览。

“再现敦煌”立体阅读活动：读者在展览现场听讲解。

“复兴古典书院”通过传统经典研读、心得分享、艺术实践等方式开展中华优秀传统文化教育。学员撰写的《在经典中追寻生命质感》等三篇文章在《人民日报》公开发表。2016 年，“研读经典 修德笃行——同济大学复兴古典书院建设”被评为全国高校“礼敬中华优秀传统文化”特色展示项目。

志愿服务

学校围绕重要时间节点组织开展志愿服务活动，如 3 月 5 日学雷锋、9 月“小红帽”迎新生志愿活动、12•5 国际志愿者日主题活动等。十年来累计组织 2 万多人次参与包括上海世博会、浦江创新论坛、上海科技馆等在内的各类场馆、赛事、重大活动的志愿服务工作。

深入挖掘“西部志愿者”内涵，十年内共选拔 200 余名同学赴西藏、新疆、青海、四川、云南等地开展志愿服务工作。

2016 年 11 月 20 日，41 名同济学子志愿服务第九届全球健康促进大会。

我校荣获“第二届中国青年志愿服务项目大赛”银奖。

3 年献血 22 次、为中国小孩捐献干细胞的附属东方医院医生、马来西亚人杨永康获“全国无偿献血奉献奖”和“爱无国界奖”。

我校志愿者山区修桥造福一方百姓。

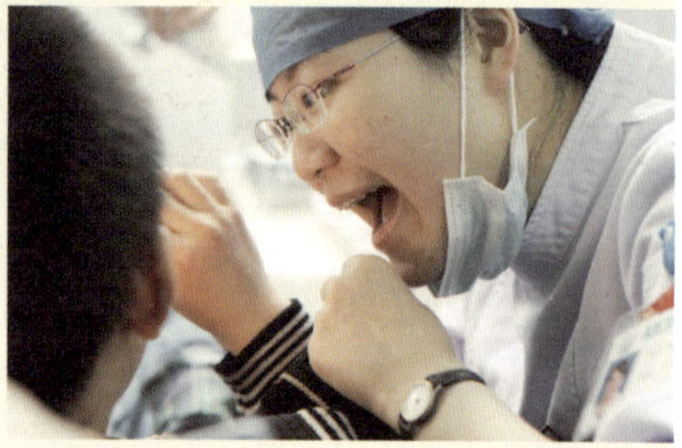

同济大学附属口腔医院志愿者为自闭症患儿治疗牙齿。

学生社团

学生社团建设发展迅速，目前已有 193 个。学校建立社团两级管理指导机制，首批试点 50 个社团实现校院两级管理。社团每年举办和参加校级以上大型活动 80 余次，覆盖学生 4 万多人次。各类社团取得市级以上荣誉共计 80 余项，其中彩云支南协会作为全国五个社团之一，荣获“阿克苏诺贝尔”大学生社会公益奖金奖；东篱剧社连续两届蝉联上海市大学生戏剧节冠军。

同济大学学生艺术团始终以“丰富校园文化生活，提高大学生文化素质”为宗旨，促进艺术与文化并举、舞台精品与生活艺术相结合，多次代表学校外出交流，不断扩大艺术影响力，受到社会各界的一致好评。

同济大学第九届主持人大赛决赛。

社团文化节闭幕暨颁奖晚会。

中华诵经典诗歌诵读比赛。

2014 年 11 月 5 日，彩云支南协会获“阿克苏诺贝尔”公益大赛全国金奖。

金音笛艺社参加上海市社团文化节开幕演出。

民乐团。

舞蹈团。

学生合唱团举办“2015 放飞梦想音乐会”。

举办上海市大学生公益广告大赛

2015年、2016年，学校承办了“上海市大学生公益广告大赛”，充分展示上海大学生崇德向善的公益情怀，以文化人、以德润心，激发广大师生的公益意识、道德情感、智慧力量，学生优秀作品通过公交站亭、地铁专列、移动电视、报纸杂志、网站新媒体、特展巡展以及高校宣传等平台展示，取得了良好的社会影响，成为上海高校文化活动的品牌项目。

给获奖者颁奖。

挥洒丰富创意 传播点滴公益

新民晚报 大学城

创意，让公益更有力量

新民晚报专版报道赛事。

大师讲坛。

2015年10月24日，上海市大学生公益广告大赛训练营。

各美其美 美美与共——大学环境文化特色项目展示

2014年12月2日，“大学环境文化特色项目展”揭幕。

有体温地优雅着

《新民晚报》专题报道。

大学的环境文化是大学文化的重要构成，具有很强的感染力，更能对身处其间的大学生产生潜移默化的教育和影响。“各美其美，美美与共——大学环境文化特色项目展示”共采集上海28所高等院校的特色建筑、校园风景、历史遗迹等112个项目，分为图书馆、校史/博物/档案馆、湖泊、广场、园林、雕塑、建筑及特色文化环境布置等8大板块展出，诠释和展现了上海高校自身特有的文化气质和个性。

校友工作

近年来同济大学校友工作在校友组织的建设与管理、专职队伍建设与能力提升、服务学校与服务校友等方面都取得了显著成效，校友对学校工作的参与度和认同度有明显上升。建成了地方、行业/兴趣、学院三个维度的校友组织网络；搭建了线上（校友信息服务系统）、线下（校友之家）两个交流平台；建设了一批品牌项目，完成了由注重活动到注重服务的理念转变；进行了校友参与人才培养全过程的有效尝试；打造了以“家”为核心的校友文化。

2015 年 9 月 13 日，同济大学欧洲校友会联盟在柏林成立。

2016 年 11 月 8 日，钟志华校长参加法国校友会活动。

2014 年 3 月 29 日，学校举办苗圃计划拜师活动。

举办德国文化周活动。

2016 年 5 月 4 日，校友捐资设立“同济大学校友创新创业公益基金”。

举办一起午餐活动。

值年返校活动。

“前瞻和行动”——2015 同济大学校友论坛举办。

2015 年 1 月 29 日，“校友之家”正式启用。

2013 年 8 月 9 日，四川校友会欢送新生。

2012 年 5 月 19 日，“2012 年校友大会”举行。

2013 年 5 月 25 日，同济大学 IT 行业校友联谊会成立。

2009 年 10 月 9 日，德国校友会举办“同济论坛”。

可持续发展

可持续发展

同济大学率先在全国高校中开展节约型校园建设，不断深化在绿色环保、低碳节能、节俭节约等方面的工作，倡导绿色环保理念，促进学科交叉发展，推动相关科学研究和发明，建设可持续发展校园，传播可持续发展理念。同济大学曾先后被评为“全国节能先进集体”、全国首批“节约型公共机构示范单位”，并获“全球可持续校园杰出奖”。

可持续发展节点图

2016

- 同济大学、米兰理工大学、都灵理工大学、博洛尼亚大学及佛罗伦萨大学签署《联合声明》，共同承诺积极探索以可持续发展为导向的创新人才培养模式。
- 学校发布《可持续发展蓝皮书》，系统阐述同济大学建设可持续发展大学的实践和思考

2015

- 与联合国环境规划署联手编写《绿色经济：联合国视野中的理论、方法与案例》绿色经济教科书
- 我校牵头编写《绿色校园与未来》系列教材
- “上海高校校园节能环保综合管理平台”项目通过验收

2014

- “中德清洁水创新中心”落户张江
- 智能型新能源汽车协同创新中心入选“2011 计划”
- 学校制订出台《关于深化节约型校园建设的实施意见》
- 我校获评全国首批“节约型公共机构示范单位”
- 我校推出200 辆校园公益自行车倡导师生绿色出行

2013

- 学校确定了“建设以可持续发展为导向的世界一流大学”发展目标
- 同济大学发起成立“国际绿色校园联盟”，被选为首任主席单位
- 同济大学绿色建筑及新能源研究中心荣获“全国节能先进集体”称号
- 同济学子绿色节能作品获上海市大学生公益海报设计一等奖
- 同济大学自主设计研发“舞”电动超级跑车

2012

- 同济大学与联合国环境规划署倡议成立全球环境与可持续发展教育大学联盟,被选为主席单位；
- 同济大学获评全球可持续校园杰出奖；
- 同济大学学生组队建造“复合生态屋”参加世界太阳能十项全能竞赛，获两项第三名，同济大学连续三届入围该竞赛；
- 对全校研究生和本科生开设《可持续发展辅修学位》

2011

- 同济大学与联合国环境规划署共同举办第一届世界大学生环境与可持续发展大会
- 同济大学倡议发起成立中国绿色大学联盟，被选为主席单位
- 开设跨学科公选课程《低碳能源与可持续发展》《低碳建筑与人居环境》《可持续发展与未来》
- 同济大学学生组队建造“集装阳光房”参加世界太阳能十项全能竞赛（美国华盛顿）

2010

- 同济大学校园节能监管平台建设通过国家住房和城乡建设部、教育部联合验收
- 同济大学学生组织建造“竹屋”参加世界太阳能十项全能竞赛，获欧洲可再生能源创新奖
- 新奥——同济生态园揭牌
- 荣获“全国高校节能管理先进院校”

同济大学可持续发展大学理念在杂志发表。

同济大学获评“2012 全球可持续校园杰出奖”。

2009

- 曾是上海市区规模最大的立体公交停车场改建为上海国际设计一场
- 《Nature》杂志报道包含同济大学在内的全方面球范围大学在“绿色校园”建设所作的努力
- 被评为“全国高校节能工作先进单位”

2008

- 教育部建设可持续发展校园研讨会在同济召开，985高校共同发表《建设可持续发展校园宣言》
- 获评首批上海节水型示范校区、全国城镇节水工作示范校区

2007

- 获批“节约型校园示范项目”立项
- 同济大学主编完成“高等学校节约型校园建设与管理技术导则”
- 荣获“全国城市节能突出贡献奖”

2006

- 大礼堂、文远楼、综合大楼等节能建筑修建、新建

2005

- 学生自发组织“校园节能督察队”
- 被评为“上海节能先进单位”

2003

- 同济大学全面开展“节约型校区”建设
- 浴室节能环保项目开工建设
- 同济大学绿色建筑及能源中心成立

2002

- 成立同济大学节能委员会
- 成立能源管理中心
- 同济大学学生自发成立“绿色之路协会”
- 联合国环境规划署-同济大学环境与可持续发展学院成立
- 同济大学主持研发的四轮电驱动燃料电池轿车概念车——“春一号晖”亮相

1997

- 《为了上海的明天——上海大都市可持续发展研究》论义集出版

1995

- 同济大学可持续发展研究中心成立

学校制订出台《关于深化节约型校园建设的实施意见》。

《Nature》杂志报道。

可持续发展教育

开展节能宣传活动。

节能宣传活动。

2014 年 4 月 22 日—5 月 2 日，中英 12 所设计院校师生以工业边角余料设计成低碳艺术作品。

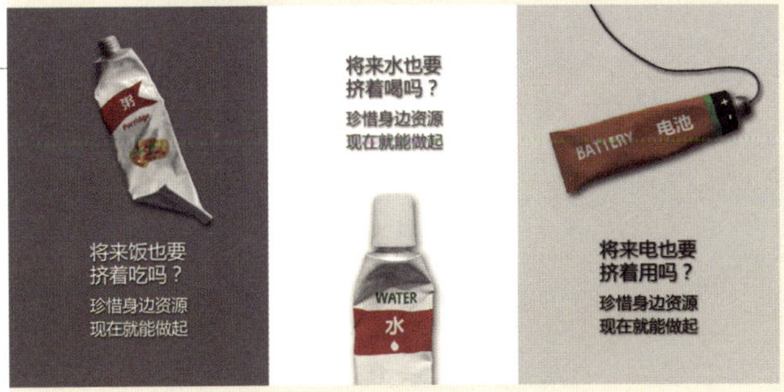

我校学生设计作品获“2013 上海市大学生公益广告大赛”一等奖。

“可持续发展大学”宣传册。

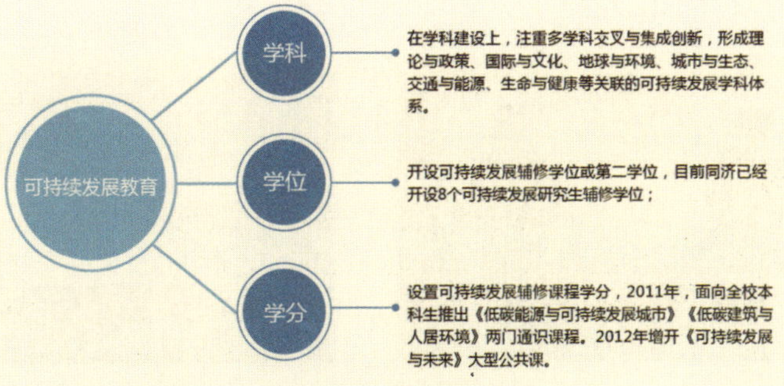

专家组授课可持续发展与未来。

2016 年 1 月 18 日，诸大建教授获“2016 循环经济全球领导者奖”。

我校学生在 2013 美国土木工程大学生竞赛太平洋赛区比赛中获钢桥最佳刚度单项第一名。

2013 年 10 月 27 日，志远车队获日本本田节能竞技大赛冠军。

2015 年 9 月 25 日，我校教授领衔主编的《绿色校园与未来》系列教材发布。

可持续发展研究

2011 年 4 月 21 日，“新奥－同济清洁能源高等研究院”揭牌。

2012 年 1 月 14 日，“中国燃料电池汽车技术创新战略联盟”揭牌。

我校研发的电动跑车亮相上海工博会。

2011 年 12 月 8 日，“同济－拜耳生态建筑与材料研究院”成立。

2008 年 7 月 6 日，北京奥运燃料电池轿车发车。

地沟油转化为车用柴油技术应用于公共交通。

我校研发的“废水处理新工艺”展示装置。

同济主持研制首架纯燃料电池无人机试飞成功。

我校可持续发展研究部分研究成果。

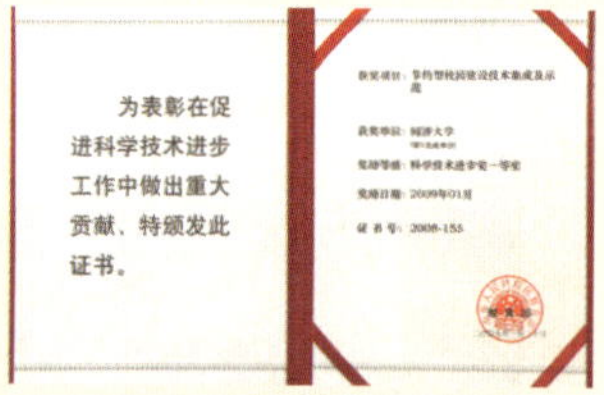

“节约型校园建设技术集成及示范”项目获教育部科技进步一等奖。

我校研发的电动自行车。

我校研发的纯电动车。

可持续发展交流

自 2011 年起，我校连续举办了七届国际学生环境与可持续发展大会。

2012 年 6 月 5 日，全球环境与可持续发展大学合作联盟在同济大学成立，覆盖全球 70 多个国家的 570 多个大学成员，同济大学担任理事会主席单位。

2012 年 6 月 20 日，同济大学代表团参加“里约 +20”峰会，裴钢校长在可持续发展高等教育发起仪式上介绍同济经验。

2015 年 5 月 7 日，“2015 上海绿色建筑国际论坛”举行。

2015 年 6 月 10 日，我校联手联合国环境规划署发布绿色经济教科书。

2009 年 10 月 7 日，陈小龙副校长在东京国际论坛介绍同济大学可持续校园建设经验。

太阳能屋

同济大学从 2010 年开始连续三年支持学生组队参加全球性太阳能十项全能大赛。2010 年的“竹屋”、2011 年的“阳光集装房”、2012 年的“复合外皮生态住宅”，在西班牙、美国先后与全球多所大学同场竞技。

参加被誉为“学生奥林匹克赛”的太阳能十项全能竞赛，是对同济学子节能技术应用和创新的检阅。从设计到材料选用到工程构造到电器搭配到家居布置，都是学生们自主完成，同时房屋以太阳能为唯一能源，需要配备全套日常家用电器及家具等生活设施，真正做到节能、宜居。

2011 年 9 月 23 日— 10 月 2 日，同济学生的“阳光集装房”出征在美国举行的“世界太阳能十项全能赛”。

2010 年 6 月 15 日— 28 日，同济学生建造的“太阳能竹屋”参加“世界太阳能十项全能竞赛”。

2012 年 8 月 31 日— 9 月 10 日，同济学生的“复合外皮生态住宅”出征在西班牙举行的“世界太阳能十项全能赛”。

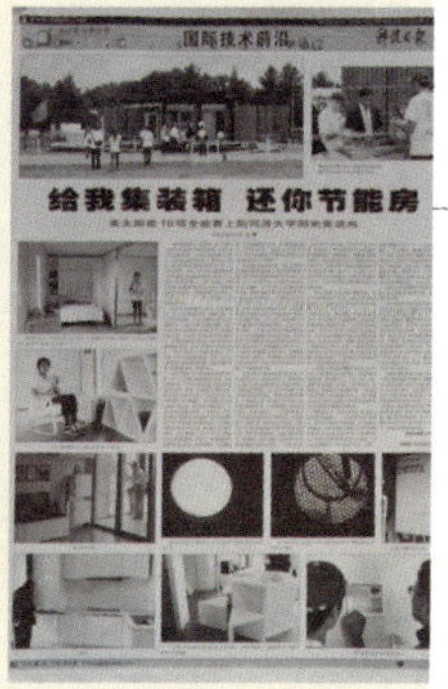

《科技日报》报道我校 2011 年参赛情况。

党建工作

党建工作

学校党建工作始终围绕学校的奋斗目标，始终与学校改革、发展和稳定紧密结合。学校党委坚持社会主义办学方向，定战略，谋大事，努力建设学习型、研究型、创新型、开拓型的领导集体。全面开展深入学习实践科学发展观、创先争优、党的群众路线教育实践、“三严三实”专题教育活动以及“两学一做”学习教育，加强长效机制建设。加强基层党组织建设，强化院（系）领导班子建设，完善教代会等民主参与制度，加强廉政建设，涌现出一批先进基层党组织和先进党员。

中国共产党同济大学第十次代表大会

2013 年 7 月 5 日至 6 日，中国共产党同济大学第十次代表大会隆重举行，大会确定了学校今后 5 年的主要任务，对全面提高党的建设科学化水平做出了工作部署，提出了学校发展的目标愿景，选举产生了由 27 人组成的中共同济大学第十届委员会和由 9 人组成的中共同济大学纪律检查委员会。

2013 年 7 月 6 日，选举产生中共同济大学第十届委员会。

选举产生的中共同济大学纪律检查委员会。

代表们举手表决。

深入学习实践科学发展观活动

2009 年 3 月 17 日起，学校全面开展深入学习实践科学发展观活动，紧紧抓住“办什么样的同济大学，怎样办同济大学”和“同济大学培养什么样的人、同济大学怎样培养人”两个根本性问题，围绕“同舟共济，科学发展”的主题，全面动员，精心组织，扎实推进，凝聚思想共识，理清发展思路，解决实际问题，促进学校各项事业科学发展。活动覆盖全校 20 个基层党委（党工委）和 10 个直属党总支，660 个基层党支部，14850 名党员。

同济大学深入学习实践科学发展观活动动员大会。

2019 年 3 月 27 日，学习实践科学发展观专题辅导报告会举行。

“创先争优”活动

从2010年7月1日起，学校组织开展以“奉献、创新、领先、和谐”为主题的“创先争优”活动，全校各级党组织精心组织、周密部署，按照推动科学发展、促进校园和谐、服务师生员工、加强基层组织等方面的总体要求，围绕“世博先锋行动”“落实规划谋发展，服务师生促和谐”等主题，推动学校基层党组织履职尽责创先进、促进广大教职工党员立足岗位争优秀、激励广大学生党员努力学习做模范，切实增强了基层党组织的创造力、凝聚力、战斗力，形成创先争优的长效机制。

2011年1月22日，学校举行“创先争优 世博先锋行动”表彰大会。 先进表彰。

2012年6月29日，教书育人楷模先进事迹报告团来我校宣讲。

党的群众路线教育实践活动

2013年7月—2014年1月，覆盖全校39个基层党组织、为期半年的“党的群众路线教育实践活动”全面开展。学校以严谨认真的态度、改革创新的精神、求真务实的作风，全面动员，精心组织，活动扎实推进；认真学习，听取意见，形成思想共识；坦诚剖析，开展批评，查准“四风”问题；制定方案，建章立制，整改落到实处。

学校广纳兼听，共征集到师生员工574条意见及建议，梳理出59条整改事项，每一条整改事项都明确责任人、责任单位和整改时限，同时长效机制初步形成，确保教育实践活动取得实效。

2013年7月11日，同济大学“党的群众路线教育实践活动”动员大会召开。

对校领导班子工作作风评议投票。

校长裴钢为生命学院师生作“党的群众路线教育实践活动”专题报告。

2013年8月1日，召开机关青年教师“党的群众路线教育实践活动”座谈会。

“三严三实”专题教育

2015 年 4 月 27 日，学校下发了“三严三实”专题教育方案，正式启动专题教育。学校领导带头上党课，并深入基层一线，与师生党员座谈，听取意见和建议；学校党委多次召开专题学习会和推进会，组织党员干部学习《中国共产党廉洁自律准则》和《中国共产党纪律处分条例》，加强党员干部纪律教育和作风建设；校领导班子认真开展“三严三实”专题民主生活会，开展批评与自我批评，促进思想认识再提升；学校推出了“同济人的严和实”等系列宣传报道，在校园中营造严实做人、踏实做事的浓厚氛围；各基层单位认真贯彻中央精神和学校党委统一部署，扎实推进专题学习教育。

2015 年 10 月 9 日，校党委理论学习中心组举行“三严三实”专题学习研讨会。

2015 年 12 月 7 日，学校举办“高校贯彻《准则》《条例》与依法治校”报告会。

“两学一做”学习教育

深入开展“两学一做”学习教育。按照中央的统一部署，牢牢把握对象全覆盖、内容无死角、主体无空档、贯穿全过程四个方面，学校党委组织全校 750 多个党支部、17 000 多名党员认真开展“两学一做”学习教育。校领导带头深入学习，带头讲党课。各基层支部创新形式开展党员日常教育，通过“坐下来学”“走出去学”“联系实际思考学”“利用重大时间节点突出学”“树立典型比对学”，引导党员干部在学中做、做中学，鼓足干劲为学校建设发展作贡献。党委开展“两优一先”评选，在全校树立起先锋模范的旗帜。学校媒体推出了“同济人身边的优秀党员”系列报道，营造了学先进典型的良好氛围。

2016 年 4 月 25 日，校党委中心组专题学习。

2016 年 4 月 26 日，杨贤金书记讲党课：尊崇党章 遵守党规 做合格共产党员。

2016 年 10 月 13 日，我校召开“两学一做”学习教育支部书记座谈会。

2012 年，中共同济大学建筑与城市规划学院委员会获评“全国创先争优先进基层党组织”。

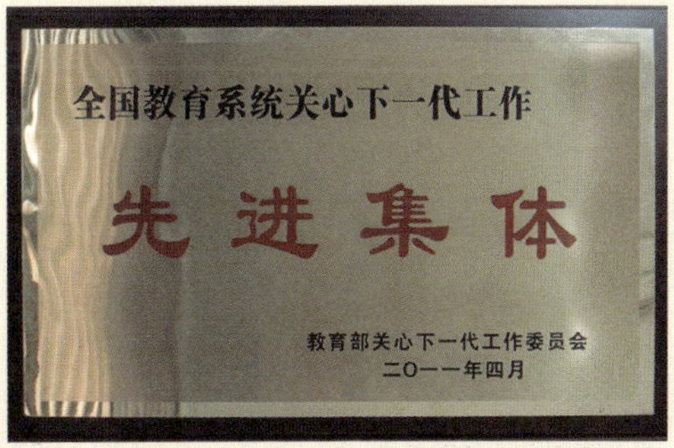

2011 年、2015 年，我校关工委先后获得“全国教育系统关心下一代工作先进集体”称号。

2011 年，土木工程学院党委获评“上海市先进基层党组织标兵”。

2016 年 6 月 28 日，我校举行庆祝建党 95 周年大会。

表彰先进党员。

2009 年 10 月 13 日，我校党委中心组与普陀区委中心组举行联组学习会。

2010 年 10 月 18 日，我校党委中心组与杨浦区党委中心组举行联组学习会。

2011 年 6 月 28 日，“同济大学中国特色社会主义理论研究中心”揭牌成立。

2011 年 10 月 25 日，我校与上海海洋大学开展联组学习。

2009 年 6 月 1 日，我校党委中心组与嘉定区委中心组举行联组学习会。

2015 年 6 月 27 日，我校与嘉定区多方位开展区域化党建工作。

2013 年 12 月 19 日，“我乃 90 后”第四届研究生党支部工作创新论坛举行。

2011 年 6 月 20 日，我校举行“党旗下的青春”七一主题党课。

2015 年 5 月 21 日，第五届研究生党支部工作创新论坛举行。

2012 年 4 月 11 日，我校举行研究生社区“学雷锋树新风”服务月启动暨研究生社区党建中心揭牌仪式。

2013 年 6 月 29 日，老干部入党 60 周年纪念座谈会举行。

2014 年 6 月 28 日，同济学子参加区域化党建共建活动。

2015 年 11 月 12 日，“党员加油站”工作坊结业仪式。

2014 年 8 月 18 日，纪念邓小平诞辰 110 周年学术研讨会。

2015 年 4 月 7 日，学校召开党风廉政建设工作会议。

各 项 事 业

各项事业

学校注重发挥师生主人翁责任感，积极发挥教代会、团代会、学代会作用，进一步加强群团组织建设，加强离退休人员服务工作。进一步改善校园设施，大力推进信息化建设，加强档案管理和数字化建设，推进大型仪器设备共享工作。加强保密工作和校园治安工作，学校连年荣获“平安校园”称号，促进学校健康平稳发展。

学校产业强化企业管理，优化产业布局，积极调整产业结构，推动资源向优势产业和企业集聚，加快培育绿色建筑、低碳环保、信息服务等战略性新兴产业，推动特色产业高端化、传统产业绿色化、优势产业集聚化。

十届二次教代会。

卓越女性奖颁发。

2015 年 5 月 29 日，“纪念抗日战争胜利 70 周年”上海高校教工合唱展演。

2015 年 12 月 30 日，老龄工作会议。

敬老节活动。

2014 年 12 月 4 日，我校与上海市消防总队杨浦支队签署共建协议。

女教师论坛。

产业发展

学校积极搭建产学研合作平台，鼓励支持大学生创新创业，有效地推动科技成果转化。同济科技园被国家科技部认定为国家级 A 类大学科技园和国家级 A 类科技企业孵化器，逐步建设了赤峰路孵化基地、国康路创业基地、邯郸路基地、同济大学沪西园区、浙江慈溪产业园、常熟园区以及在建的南通科技园和宝山产业园，初步形成“一园多基地”的发展格局。同济科技园杨浦主园区注册企业 1300 多家，初步形成了以建筑设计为主的现代设计产业集群。构建“创业苗圃－孵化器－加速器－产业集聚”四位一体科技创业服务体系，先后培育出新三板挂牌企业 9 家、上海股权托管交易中心挂牌企业 3 家、上海市高新技术企业 46 家，园区企业拥有知识产权 1 600 余项。

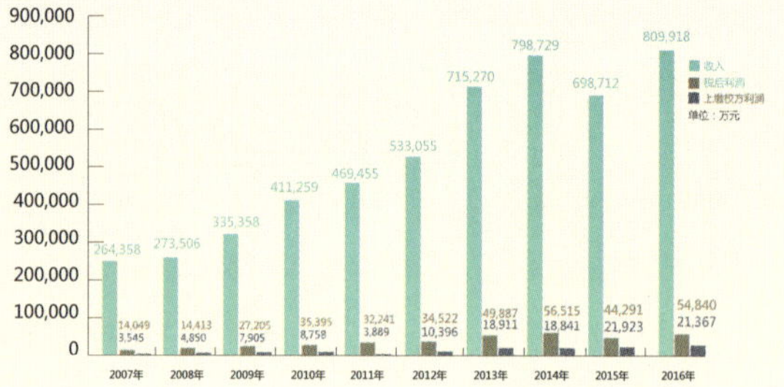

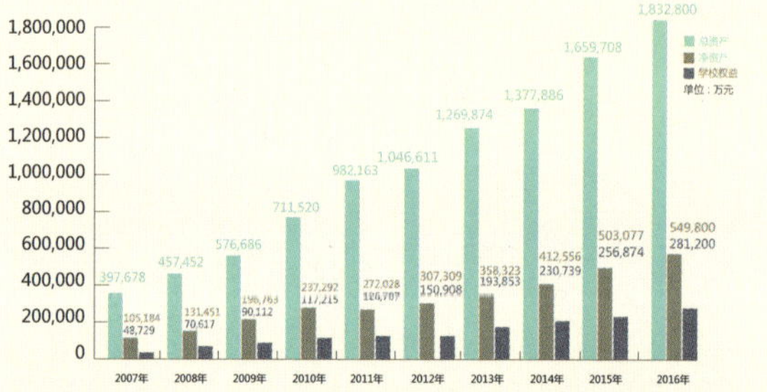

2013 年 12 月 16 日，上海国际汽车城同济科技园项目启动。

上海国际汽车城同济科技园。

2007—2016 年上海工博会项目 / 展品获奖一览表

年份	获奖类型	项目 / 展品名称
2007	中国高校展区优秀展品奖	NVPG电动汽车平台
		基于三维实体模型的钢结构制作图设计系统
		处理城市污水及回用集装式膜生物反应器成套技术装备
2008	大会银奖	系列功能化水处理剂
		国产化智能室温及其环境控制系统等配套设施的研制
	大会创新奖	轻量化燃料电池微型车
2009	大会银奖	校园节能监管平台系统
	大会创新奖	耦合式城市污水处理新技术及应用
2010	大会金奖	直径11.22米泥水平衡盾构
	大会铜奖	高端印刷机控制系统
		用于污水和污泥处理的平板膜生物反应器
2011	大会创新奖	催化还原方法改善工业废水生化性能的预处理技术及应用
2012	大会铜奖	微污染饮用水源的深度处理工艺
		叠螺式污泥脱水机系列产品
2013	大会铜奖	高浓度有机废水能源化资源化处理设备
	大会创新奖	高性能燃料电池增程式四轮驱动电动汽车
2014	高校展区优秀展品特等奖	穿透300米岩层的深穿透通信设备
2015	高校展区优秀展品特等奖	智慧城镇数据平台系统
2016	大会金奖	大跨度桥梁结构和行车抗风安全的气动控制技术
	大会创新奖	亚米级动态加权进化的路径追踪技术（DWELT）

我校负责外观设计的“火星车原理样机”。

新型电动车。

无人机展品。

微型智能电动车。

创业扶持

学校积极开展大学创业教育与培训，培养大学生的创新创业能力，带动大学生就业。截至 2016 年年底，上海市大学生科技创业基金同济分基金资金规模 2780 万元。成立“同济大学大学生创业园”。同济分基金已资助 134 家大学生企业，累计申请专利授权 115 项，软件著作权 61 项，商标授权 87 项。1 家企业获评上海市科技小巨人企业；13 家企业获得高新技术企业认定；1 家企业获得上海市专精特新企业认定；1 家企业获得上海市著名商标认定，4 家企业获上海最具投资潜力 50 佳创业企业。一位创业者先后入选福布斯中国 30 位 30 岁以下创业者以及亚洲地区 30 位 30 岁以下商业领袖榜单；一位创业者入选科技部科技创新创业人才；两位创业者入选国家科技部创新人才推进计划；一位创业者入选上海市领军人才。

我校举办上海大学生科技创业基金会“同济分基金创业者训练营”。

我校举办沪港大学生创意创业夏令营。

同化公司创业者入选 Forbes 中国及亚洲地区商业领袖榜单。

大学生创业企业迈济公司3D打印。

创业企业捐款。

2007—2017 年，学校校园建设再上一个台阶，校园设施进一步改善。在嘉定校区，智信馆（电子与信息工程学院）、开物馆（机械与能源工程学院）、地面交通工具风洞实验中心、通达馆（交通运输工程学院）、惟新馆（艺术与传媒学院）、德才馆（材料科学与工程学院）、仁术馆（卫生所）、“朋园”研究生公寓、嘉定校区体育馆先后建成。碧水、绿树环绕现代建筑，勾勒出一幅秀美的画卷。建成四平路校区体育馆、彰武路校区研究生公寓以及临港海底过程与观测实验室，改扩建设计创意学院大楼、沪西校区天佑楼，改造同济北苑饮食广场。建设四平路校区数字化技防系统、四平路校区智能交通系统等。

学校优化校区空间资源配置，完善有偿使用公用房定价机制。以风洞中心、土木振动台为平台，积极推进大型科学仪器设备共享试点工作，获科技部、教育部“大型科学仪器设备共享”试点。实行行政设备统一配备标准，集中招标采购。建成使用嘉定校区教师事务中心、学生事务中心以及四平路校区学生事务中心。

嘉定校区体育中心。

通达馆（交通运输工程学院）2007 年 5 月竣工。

宁远馆（汽车学院）2007 年 11 月投入使用。

德才馆（材料科学与工程学院）2010 年 12 月竣工。

“朋园”研究生公寓投入使用。

四平路校区体育馆。

上海地面交通工具风洞中心大楼 2008 年 5 月竣工。

四平路校区游泳馆。

数字校园

学校信息化水平显著提升，信息化基础设施进一步完备，信息技术已成为学校运行与发展的重要保障与支撑，实现了校园有线和无线网的基本全覆盖，实现校园网有线和无线网的全校漫游和单一认证。基本完成校园网云数据中心的建设，建立校园网信息安全的监测、预警、处理机制，建设校园卡综合管理平台以及视频监控、网络电话报修及多媒体设备远程控制联动的新型多媒体教室管理系统、网络广播系统等，数据交换与共享平台初步建成。学校各职能部门、各院系建设建成管理信息系统 60 余个，在不同的业务领域发挥着重要的信息管理与服务作用。

2015 年 12 月 31 日，“大数据与网络安全研究中心”成立。

改建一新的机房为校园网安全运行提供保障。

手机应用终端。

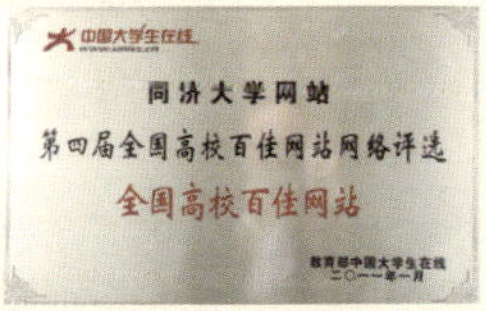

同济大学网站被评为全国高校百佳网站。

后勤保障

同济后勤创建十个“六 T”示范食堂和八个“六 T”达标食堂。两栋学生宿舍荣获上海高校学生公寓“六 T”管理五星级示范公寓称号。先后与德国慕尼黑工业大学、德国波鸿鲁尔大学、日本樱美林大学、日本立命馆大学、韩国庆熙大学、意大利佛罗伦萨大学、德国汉诺威等七所高校互派厨师进行国际饮食文化交流。举办“川味节”“面食节”，开设“川菜窗口”“素食窗口”，推出东南亚菜系，首创上海高校大排档。饮食中心厨师还应邀参加湖南卫视《天天向上》节目录制，向全国观众展示了“同济餐饮”风采，使“吃在同济”美名得以进一步发扬。2012 年启动学生宿舍空调租赁安装工作，至 2016 年年底，宿舍空调安装率达 80%。

参加苏州河龙舟赛。

中德厨师交流。

日本樱美林大学美食节。

同济北苑饮食广场。